TRANZLATY

Sprache ist für alle da

El idioma es para todos

Das Kommunistische Manifest

El Manifiesto Comunista

Karl Marx
&
Friedrich Engels

Deutsch / Español

Published by Tranzlaty
ISBN: 978-1-80572-354-7
Original text by Karl Marx and Friedrich Engels
The Communist Manifesto
First published in 1848
www.tranzlaty.com

Einleitung
Introducción

Ein Gespenst geht um in Europa – das Gespenst des Kommunismus

Un fantasma acecha a Europa: el fantasma del comunismo

Alle Mächte des alten Europa sind eine heilige Allianz eingegangen, um dieses Gespenst auszutreiben

Todas las potencias de la vieja Europa han entrado en una santa alianza para exorcizar este fantasma

Papst und Zaren, Metternich und Guizot, französische Radikale und deutsche Polizeispione

El Papa y el Zar, Metternich y Guizot, los radicales franceses y los espías de la policía alemana

Wo ist die Oppositionspartei, die von ihren Gegnern an der Macht nicht als kommunistisch verschrien wurde?

¿Dónde está el partido en la oposición que no ha sido tachado de comunista por sus adversarios en el poder?

Wo ist die Opposition, die nicht den Brandvorwurf des Kommunismus gegen die fortgeschritteneren Oppositionsparteien zurückgeschleudert hat?

¿Dónde está la Oposición que no haya devuelto el reproche de marca al comunismo contra los partidos de oposición más avanzados?

Und wo ist die Partei, die den Vorwurf nicht gegen ihre reaktionären Gegner erhoben hat?

¿Y dónde está el partido que no ha hecho la acusación contra sus adversarios reaccionarios?

Aus dieser Tatsache ergeben sich zweierlei

Dos cosas resultan de este hecho

I. Der Kommunismus wird bereits von allen europäischen Mächten als eine Macht anerkannt

I. El comunismo es ya reconocido por todas las potencias europeas como una potencia en sí misma

II. Es ist höchste Zeit, dass die Kommunisten ihre Ansichten, Ziele und Tendenzen offen vor der ganzen Welt offenlegen

II. Ya es hora de que los comunistas publiquen abiertamente, a la vista de todo el mundo, sus puntos de vista, sus objetivos y sus tendencias

sie müssen diesem Kindermärchen vom Gespenst des Kommunismus mit einem Manifest der Partei selbst begegnen

deben hacer frente a este cuento infantil del Espectro del Comunismo con un Manifiesto del propio partido

Zu diesem Zweck haben sich Kommunisten verschiedener Nationalitäten in London versammelt und folgendes Manifest entworfen

Con este fin, comunistas de diversas nacionalidades se han reunido en Londres y han esbozado el siguiente Manifiesto

Dieses Manifest wird in deutscher, englischer, französischer, italienischer, flämischer und dänischer Sprache veröffentlicht

El presente manifiesto se publicará en inglés, francés, alemán, italiano, flamenco y danés

Und jetzt soll es in allen Sprachen veröffentlicht werden, die Tranzlaty anbietet

Y ahora se publicará en todos los idiomas que ofrece Tranzlaty

Bourgeois und Proletarier
La burguesía y los proletarios

Die Geschichte aller bisherigen Gesellschaften ist die Geschichte der Klassenkämpfe

La historia de todas las sociedades existentes hasta ahora es la historia de las luchas de clases

Freier und Sklave, Patrizier und Plebejer, Herr und Leibeigener, Zunftmeister und Geselle

Hombre libre y esclavo, patricio y plebeyo, señor y siervo, maestro de gremio y oficial

mit einem Wort, Unterdrücker und Unterdrückte

en una palabra, opresor y oprimido

Diese sozialen Klassen standen in ständiger Opposition zueinander

Estas clases sociales estaban en constante oposición entre sí

Sie führten einen ununterbrochenen Kampf. Jetzt versteckt, jetzt offen

Llevaron a cabo una lucha ininterrumpida. Ahora oculto, ahora abierto

Ein Kampf, der entweder in einer revolutionären Rekonstitution der Gesellschaft als Ganzes endete

una lucha que terminó en una reconstitución revolucionaria de la sociedad en general

oder ein Kampf, der im gemeinsamen Ruin der streitenden Klassen endete

o una lucha que terminó en la ruina común de las clases contendientes

Blicken wir zurück auf die früheren Epochen der Geschichte

Echemos la vista atrás a las épocas anteriores de la historia

Wir finden fast überall eine komplizierte Einteilung der Gesellschaft in verschiedene Ordnungen

Encontramos casi en todas partes una complicada organización de la sociedad en varios órdenes

Es gab schon immer eine mannigfaltige Abstufung des sozialen Ranges

Siempre ha habido una múltiple gradación de rango social

Im alten Rom gibt es Patrizier, Ritter, Plebejer, Sklaven
En la antigua Roma tenemos patricios, caballeros, plebeyos,
esclavos
im Mittelalter: Feudalherren, Vasallen, Zunftmeister,
Gesellen, Lehrlinge, Leibeigene
en la Edad Media: señores feudales, vasallos, maestros de
gremios, oficiales, aprendices, siervos
In fast allen diesen Klassen sind wiederum untergeordnete
Abstufungen
En casi todas estas clases, de nuevo, las gradaciones
subordinadas
Die moderne Bourgeoisie Gesellschaft ist aus den
Trümmern der feudalen Gesellschaft hervorgegangen
La sociedad burguesa moderna ha brotado de las ruinas de la
sociedad feudal
Aber diese neue Gesellschaftsordnung hat die
Klassengegensätze nicht beseitigt
Pero este nuevo orden social no ha eliminado los
antagonismos de clase
Sie hat nur neue Klassen und neue
Unterdrückungsbedingungen geschaffen
No ha hecho más que establecer nuevas clases y nuevas
condiciones de opresión
Sie hat neue Formen des Kampfes an die Stelle der alten
gesetzt
Ha establecido nuevas formas de lucha en lugar de las
antiguas
Die Epoche, in der wir uns befinden, weist jedoch eine
Besonderheit auf
Sin embargo, la época en la que nos encontramos posee un
rasgo distintivo
die Epoche der Bourgeoisie hat die Klassengegensätze
vereinfacht
la época de la burguesía ha simplificado los antagonismos de
clase

Die Gesellschaft als Ganzes spaltet sich mehr und mehr in zwei große feindliche Lager

La sociedad en su conjunto se divide cada vez más en dos grandes campos hostiles

zwei große soziale Klassen, die sich direkt gegenüberstehen: Bourgeoisie und Proletariat

dos grandes clases sociales enfrentadas directamente: la burguesía y el proletariado

Aus den Leibeigenen des Mittelalters gingen die Bürger der ersten Städte hervor

De los siervos de la Edad Media surgieron los burgueses de las primeras ciudades

Aus diesen Bürgern entwickelten sich die ersten Elemente der Bourgeoisie

A partir de estos burgueses se desarrollaron los primeros elementos de la burguesía

Die Entdeckung Amerikas und die Umrundung des Kaps

El descubrimiento de América y el doblamiento del Cabo

diese Ereignisse eröffneten der aufstrebenden Bourgeoisie neues Terrain

estos acontecimientos abrieron un nuevo terreno para la burguesía en ascenso

Die ostindischen und chinesischen Märkte, die Kolonisierung Amerikas, der Handel mit den Kolonien

Los mercados de las Indias Orientales y China, la colonización de América, el comercio con las colonias

die Vermehrung der Tauschmittel und der Waren überhaupt

el aumento de los medios de cambio y de las mercancías en general

Diese Ereignisse gaben dem Handel, der Schiffahrt und der Industrie einen nie gekannten Impuls

Estos acontecimientos dieron al comercio, a la navegación y a la industria un impulso nunca antes conocido

Sie gab dem revolutionären Element in der wankenden feudalen Gesellschaft eine rasche Entwicklung

Dio un rápido desarrollo al elemento revolucionario en la tambaleante sociedad feudal

Geschlossene Zünfte hatten das feudale System der industriellen Produktion monopolisiert

Los gremios cerrados habían monopolizado el sistema feudal de producción industrial

Doch das reichte den wachsenden Bedürfnissen der neuen Märkte nicht mehr aus

Pero esto ya no bastaba para satisfacer las crecientes necesidades de los nuevos mercados

Das Manufaktursystem trat an die Stelle des feudalen Systems der Industrie

El sistema manufacturero sustituyó al sistema feudal de la industria

Die Zunftmeister wurden vom produzierenden Bürgertum auf die Seite gedrängt

Los maestros de gremio fueron empujados a un lado por la clase media manufacturera

Die Arbeitsteilung zwischen den verschiedenen korporativen Innungen verschwand

La división del trabajo entre los diferentes gremios corporativos desapareció

Die Arbeitsteilung durchdrang jede einzelne Werkstatt

La división del trabajo penetraba en cada uno de los talleres

In der Zwischenzeit wuchsen die Märkte immer weiter und die Nachfrage stieg immer weiter

Mientras tanto, los mercados seguían creciendo y la demanda seguía aumentando

Selbst Fabriken reichten nicht mehr aus, um den Anforderungen gerecht zu werden

Ni siquiera las fábricas bastaban para satisfacer las demandas

Daraufhin revolutionierten Dampf und Maschinen die industrielle Produktion

A partir de entonces, el vapor y la maquinaria revolucionaron la producción industrial

An die Stelle der Manufaktur trat der Riese, die moderne Industrie

El lugar de la manufactura fue ocupado por el gigante, la Industria Moderna

An die Stelle des industriellen Mittelstandes traten industrielle Millionäre

El lugar de la clase media industrial fue ocupado por millonarios industriales

an die Stelle der Führer ganzer Industriearmeen trat die moderne Bourgeoisie

el lugar de los jefes de ejércitos industriales enteros fue ocupado por la burguesía moderna

die Entdeckung Amerikas ebnete der modernen Industrie den Weg zur Etablierung des Weltmarktes

el descubrimiento de América allanó el camino para que la industria moderna estableciera el mercado mundial

Dieser Markt gab dem Handel, der Schifffahrt und der Kommunikation auf dem Landweg eine ungeheure Entwicklung

Este mercado dio un inmenso desarrollo al comercio, la navegación y la comunicación por tierra

Diese Entwicklung hat seinerzeit auf die Ausdehnung der Industrie reagiert

Este desarrollo ha repercutido, en su momento, en la extensión de la industria

Sie reagierte in dem Maße, wie sich die Industrie ausbreitete, und wie sich Handel, Schiffahrt und Eisenbahn ausdehnten

Reaccionó en proporción a cómo se extendía la industria, y cómo se extendían el comercio, la navegación y los ferrocarriles

in demselben Maße, in dem sich die Bourgeoisie entwickelte, vermehrte sie ihr Kapital

en la misma proporción en que la burguesía se desarrolló, aumentó su capital

und das Bourgeoisie drängte jede aus dem Mittelalter überlieferte Klasse in den Hintergrund

y la burguesía relegó a un segundo plano a todas las clases heredadas de la Edad Media

daher ist die moderne Bourgeoisie selbst das Produkt eines langen Entwicklungsganges

por lo tanto, la burguesía moderna es en sí misma el producto de un largo curso de desarrollo

Wir sehen, dass es sich um eine Reihe von Revolutionen in der Produktions- und Tauschweise handelt

Vemos que es una serie de revoluciones en los modos de producción y de intercambio

Jeder Schritt der Bourgeoisie Entwicklung ging mit einem entsprechenden politischen Fortschritt einher

Cada paso de la burguesía desarrollista iba acompañado de un avance político correspondiente

Eine unterdrückte Klasse unter der Herrschaft des feudalen Adels

Una clase oprimida bajo el dominio de la nobleza feudal

ein bewaffneter und selbstverwalteter Verein in der mittelalterlichen Kommune

una asociación armada y autónoma en la comuna medieval

hier eine unabhängige Stadtrepublik (wie in Italien und Deutschland)

aquí, una república urbana independiente (como en Italia y Alemania)

dort ein steuerpflichtiger "dritter Stand" der Monarchie (wie in Frankreich)

allí, un "tercer estado" imponible de la monarquía (como en Francia)

Danach, in der Zeit der eigentlichen Herstellung

posteriormente, en el período de fabricación propiamente dicho

die Bourgeoisie diente entweder der halbfeudalen oder der absoluten Monarchie

la burguesía servía a la monarquía semifeudal o a la monarquía absoluta

oder die Bourgeoisie fungierte als Gegengewicht zum Adel

o la burguesía actuaba como contrapeso contra la nobleza

und in der Tat war die Bourgeoisie ein Eckpfeiler der großen Monarchien überhaupt

y, de hecho, la burguesía era una piedra angular de las grandes monarquías en general

aber die moderne Industrie und der Weltmarkt haben sich seitdem etabliert

pero la industria moderna y el mercado mundial se establecieron desde entonces

und die Bourgeoisie hat sich die ausschließliche politische Herrschaft erobert

y la burguesía ha conquistado para sí el dominio político exclusivo

sie erreichte diese politische Herrschaft durch den modernen repräsentativen Staat

logró esta influencia política a través del Estado representativo moderno

Die Exekutive des modernen Staates ist nichts anderes als ein Verwaltungskomitee

Los ejecutivos del Estado moderno no son más que un comité de gestión

und sie leiten die gemeinsamen Angelegenheiten der gesamten Bourgeoisie

y manejan los asuntos comunes de toda la burguesía

Die Bourgeoisie hat historisch gesehen eine höchst revolutionäre Rolle gespielt

La burguesía, históricamente, ha desempeñado un papel muy revolucionario

Wo immer sie die Oberhand gewann, machte sie allen feudalen, patriarchalischen und idyllischen Verhältnissen ein Ende

Dondequiera que se impuso, puso fin a todas las relaciones feudales, patriarcales e idílicas

Sie hat erbarmungslos die bunten feudalen Bande zerrissen, die den Menschen an seine "natürlichen Vorgesetzten" banden

Ha roto sin piedad los abigarrados lazos feudales que unían al hombre con sus "superiores naturales"

Und es ist kein Nexus zwischen Mensch und Mensch übrig geblieben, außer nacktem Eigeninteresse

y no ha dejado ningún nexo entre el hombre y el hombre, más allá del puro interés propio

Die Beziehungen der Menschen zueinander sind zu nichts anderem geworden als zu einer gefühllosen "Geldzahlung"

Las relaciones del hombre entre sí se han convertido en nada más que un cruel "pago en efectivo"

Sie hat die himmlischsten Ekstasen religiöser Inbrunst ertränkt

Ha ahogado los éxtasis más celestiales del fervor religioso

sie hat ritterlichen Enthusiasmus und philiströsen Sentimentalismus übertönt

ha ahogado el entusiasmo caballeresco y el sentimentalismo filisteo

Sie hat diese Dinge im eisigen Wasser des egoistischen Kalküls ertränkt

ha ahogado estas cosas en el agua helada del cálculo egoísta

Sie hat den persönlichen Wert in Tauschwert aufgelöst

Ha resuelto el valor personal en valor de cambio

Sie hat die zahllosen und unveräußerlichen verbrieften Freiheiten ersetzt

Ha sustituido a las innumerables e imprescriptibles libertades estatutarias

und sie hat eine einzige, skrupellose Freiheit geschaffen; Freihandel

y ha establecido una libertad única e inconcebible; Libre cambio

Mit einem Wort, sie hat dies für die Ausbeutung getan

En una palabra, lo ha hecho para la explotación

Ausbeutung, verschleiert durch religiöse und politische Illusionen

explotación velada por ilusiones religiosas y políticas

Ausbeutung verschleiert durch nackte, schamlose, direkte, brutale Ausbeutung

explotación velada por una explotación desnuda, desvergonzada, directa, brutal

die Bourgeoisie hat den Heiligenschein von jedem zuvor geehrten und verehrten Beruf abgestreift

la burguesía ha despojado de la aureola a todas las ocupaciones anteriormente honradas y veneradas

der Arzt, der Advokat, der Priester, der Dichter und der Mann der Wissenschaft

el médico, el abogado, el sacerdote, el poeta y el hombre de ciencia

Sie hat diese ausgezeichneten Arbeiter in ihre bezahlten Lohnarbeiter verwandelt

Ha convertido a estos distinguidos trabajadores en sus trabajadores asalariados

Die Bourgeoisie hat der Familie den sentimentalen Schleier weggerissen

La burguesía ha rasgado el velo sentimental de la familia

Und sie hat das Familienverhältnis auf ein bloßes Geldverhältnis reduziert

y ha reducido la relación familiar a una mera relación monetaria

die brutale Zurschaustellung der Kraft im Mittelalter, die die Reaktionäre so sehr bewundern

el brutal despliegue de vigor en la Edad Media que tanto admiran los reaccionarios

Auch diese fand ihre passende Ergänzung in der trägesten Trägheit

Aun esto encontró su complemento adecuado en la más perezosa indolencia

Die Bourgeoisie hat enthüllt, wie es dazu gekommen ist

La burguesía ha revelado cómo sucedió todo esto

Die Bourgeoisie war die erste, die gezeigt hat, was die Tätigkeit des Menschen bewirken kann

La burguesía ha sido la primera en mostrar lo que la actividad del hombre puede producir

Sie hat Wunder vollbracht, die ägyptische Pyramiden, römische Aquädukte und gotische Kathedralen bei weitem übertreffen

Ha logrado maravillas que superan con creces las pirámides egipcias, los acueductos romanos y las catedrales góticas

und sie hat Expeditionen durchgeführt, die alle früheren Auszüge von Nationen und Kreuzzügen in den Schatten stellten

y ha llevado a cabo expediciones que han hecho sombra a todos los antiguos Éxodos de naciones y cruzadas

Die Bourgeoisie kann nicht existieren, ohne die Produktionsmittel ständig zu revolutionieren

La burguesía no puede existir sin revolucionar constantemente los instrumentos de producción

und damit kann sie nicht ohne ihre Beziehungen zur Produktion existieren

y, por lo tanto, no puede existir sin sus relaciones con la producción

und deshalb kann sie nicht ohne ihre Beziehungen zur Gesellschaft existieren

y, por lo tanto, no puede existir sin sus relaciones con la sociedad

Alle früheren Industrieklassen hatten eine Bedingung gemeinsam

Todas las clases industriales anteriores tenían una condición en común

Sie setzten auf die Bewahrung der alten Produktionsweisen

Confiaban en la conservación de los antiguos modos de producción

aber die Bourgeoisie brachte eine völlig neue Dynamik mit sich

pero la burguesía trajo consigo una dinámica completamente
nueva
Ständige Revolutionierung der Produktion und
ununterbrochene Störung aller gesellschaftlichen
Verhältnisse
Revolucionar constantemente la producción y perturbar
ininterrumpidamente todas las condiciones sociales
diese immerwährende Unsicherheit und Unruhe
unterscheidet die Epoche der Bourgeoisie von allen früheren
esta eterna incertidumbre y agitación distingue a la época
burguesa de todas las anteriores
Die bisherigen Beziehungen zur Produktion waren mit alten
und ehrwürdigen Vorurteilen und Meinungen verbunden
Las relaciones previas con la producción vinieron
acompañadas de antiguos y venerables prejuicios y opiniones
Aber all diese festgefahrenen, eingefrorenen Beziehungen
werden hinweggefegt
Pero todas estas relaciones fijas y congeladas son barridas
Alle neu gebildeten Verhältnisse werden antiquiert, bevor
sie erstarren können
Todas las relaciones recién formadas se vuelven anticuadas
antes de que puedan osificarse
Alles, was fest ist, zerschmilzt in Luft, und alles, was heilig
ist, wird entweiht
Todo lo que es sólido se derrite en el aire, y todo lo que es
santo es profanado
Der Mensch ist endlich gezwungen, mit nüchternen Sinnen
seinen wirklichen Lebensbedingungen ins Auge zu sehen
El hombre se ve finalmente obligado a afrontar con sus
sentidos sobrios sus verdaderas condiciones de vida
und er ist gezwungen, sich seinen Beziehungen zu
seinesgleichen zu stellen
y se ve obligado a afrontar sus relaciones con los de su especie
Die Bourgeoisie muss ständig ihre Märkte für ihre Produkte
erweitern

La burguesía necesita constantemente ampliar sus mercados para sus productos

und deshalb wird die Bourgeoisie über die ganze Erdoberfläche gejagt

y, debido a esto, la burguesía es perseguida por toda la superficie del globo

Die Bourgeoisie muss sich überall einnisten, sich überall niederlassen, überall Verbindungen herstellen

La burguesía debe anidar en todas partes, establecerse en todas partes, establecer conexiones en todas partes

Die Bourgeoisie muss in jedem Winkel der Welt Märkte schaffen, um sie auszubeuten

La burguesía debe crear mercados en todos los rincones del mundo para explotar

Die Produktion und der Konsum in jedem Land haben einen kosmopolitischen Charakter erhalten

La producción y el consumo en todos los países han adquirido un carácter cosmopolita

der Verdruss der Reaktionäre ist mit Händen zu greifen, aber er hat sich trotzdem fortgesetzt

el disgusto de los reaccionarios es palpable, pero ha continuado a pesar de todo

Die Bourgeoisie hat der Industrie den nationalen Boden, auf dem sie stand, unter den Füßen weggezogen

La burguesía ha sacado de debajo de los pies de la industria el terreno nacional en el que se encontraba

Alle alteingesessenen nationalen Industrien sind zerstört worden oder werden täglich zerstört

Todas las industrias nacionales de vieja data han sido destruidas, o están siendo destruidas diariamente

Alle alteingesessenen nationalen Industrien werden durch neue Industrien verdrängt

Todas las viejas industrias nacionales son desplazadas por las nuevas industrias

Ihre Einführung wird zu einer Frage von Leben und Tod für alle zivilisierten Völker

Su introducción se convierte en una cuestión de vida o muerte
para todas las naciones civilizadas

**Sie werden von Industrien verdrängt, die keine heimischen
Rohstoffe mehr verarbeiten**

son desalojados por industrias que ya no trabajan con materia
prima autóctona

**Stattdessen beziehen diese Industrien Rohstoffe aus den
entlegensten Zonen**

En cambio, estas industrias extraen materias primas de las
zonas más remotas

**Industrien, deren Produkte nicht nur zu Hause, sondern in
allen Teilen der Welt konsumiert werden**

industrias cuyos productos se consumen, no solo en el país,
sino en todos los rincones del mundo

**An die Stelle der alten Bedürfnisse, die durch die
Erzeugnisse des Landes befriedigt werden, treten neue
Bedürfnisse**

En lugar de las viejas necesidades, satisfechas por las
producciones del país, encontramos nuevas necesidades

**Diese neuen Bedürfnisse bedürfen zu ihrer Befriedigung
der Produkte aus fernen Ländern und Klimazonen**

Estas nuevas necesidades requieren para su satisfacción los
productos de tierras y climas lejanos

**An die Stelle der alten lokalen und nationalen
Abgeschiedenheit und Selbstversorgung tritt der Handel**

En lugar de la antigua reclusión y autosuficiencia local y
nacional, tenemos el comercio

**internationaler Austausch in alle Richtungen; universelle
Interdependenz der Nationen**

intercambio internacional en todas las direcciones;
Interdependencia universal de las naciones

**Und so wie wir von Materialien abhängig sind, so sind wir
von der intellektuellen Produktion abhängig**

Y así como dependemos de los materiales, también
dependemos de la producción intelectual

Die geistigen Schöpfungen der einzelnen Nationen werden zum Gemeingut

Las creaciones intelectuales de las naciones individuales se convierten en propiedad común

Nationale Einseitigkeit und Engstirnigkeit werden immer unmöglicher

La unilateralidad nacional y la estrechez de miras se vuelven cada vez más imposibles

Und aus den zahlreichen nationalen und lokalen Literaturen entsteht eine Weltliteratur

y de las numerosas literaturas nacionales y locales, surge una literatura mundial

durch die rasche Verbesserung aller Produktionsmittel

por el rápido perfeccionamiento de todos los instrumentos de producción

durch die immens erleichterten Kommunikationsmittel

por los medios de comunicación inmensamente facilitados

Die Bourgeoisie zieht alle (auch die barbarischsten Nationen) in die Zivilisation hinein

La burguesía atrae a todos (incluso a las naciones más bárbaras) a la civilización

Die billigen Preise seiner Waren; die schwere Artillerie, die alle chinesischen Mauern niederreißt

Los precios baratos de sus mercancías; la artillería pesada que derriba todas las murallas chinas

Der hartnäckige Fremdenhass der Barbaren wird zur Kapitulation gezwungen

El odio intensamente obstinado de los bárbaros hacia los extranjeros se ve obligado a capitular

Sie zwingt alle Nationen, unter Androhung des Aussterbens, die Bourgeoisie Produktionsweise anzunehmen

Obliga a todas las naciones, bajo pena de extinción, a adoptar el modo de producción burgués

Sie zwingt sie, das, was sie Zivilisation nennt, in ihre Mitte einzuführen

los obliga a introducir lo que llama civilización en su seno

Die Bourgeoisie zwingt die Barbaren, selbst zur Bourgeoisie zu werden

La burguesía obliga a los bárbaros a convertirse ellos mismos en burgueses

mit einem Wort, die Bourgeoisie schafft sich eine Welt nach ihrem Bilde

en una palabra, la burguesía crea un mundo a su imagen y semejanza

Die Bourgeoisie hat das Land der Herrschaft der Städte unterworfen

La burguesía ha sometido el campo al dominio de las ciudades

Sie hat riesige Städte geschaffen und die Stadtbevölkerung stark vergrößert

Ha creado enormes ciudades y ha aumentado considerablemente la población urbana

Sie rettete einen beträchtlichen Teil der Bevölkerung vor der Idiotie des Landlebens

Rescató a una parte considerable de la población de la idiotez de la vida rural

Aber sie hat die Menschen auf dem Lande von den Städten abhängig gemacht

pero ha hecho que los del campo dependan de las ciudades

Und ebenso hat sie die barbarischen Länder von den zivilisierten abhängig gemacht

y asimismo, ha hecho que los países bárbaros dependan de los civilizados

Bauernnationen gegen Völker der Bourgeoisie, Osten gegen Westen

naciones de campesinos sobre naciones de la burguesía, el Este sobre el Oeste

Die Bourgeoisie beseitigt den zerstreuten Zustand der Bevölkerung mehr und mehr

La burguesía suprime cada vez más el estado disperso de la población

Sie hat die Produktion agglomeriert und das Eigentum in
wenigen Händen konzentriert
Ha aglomerado la producción y ha concentrado la propiedad
en pocas manos
Die notwendige Konsequenz daraus war eine politische
Zentralisierung
La consecuencia necesaria de esto fue la centralización política
Es gab unabhängige Nationen und lose miteinander
verbundene Provinzen
Había habido naciones independientes y provincias poco
conectadas
Sie hatten getrennte Interessen, Gesetze, Regierungen und
Steuersysteme
Tenían intereses, leyes, gobiernos y sistemas tributarios
separados
Aber sie sind zu einer Nation zusammengeschmolzen, mit
einer Regierung
pero se han agrupado en una sola nación, con un solo
gobierno
Sie haben jetzt ein nationales Klasseninteresse, eine Grenze
und einen Zolltarif
Ahora tienen un interés nacional de clase, una frontera y un
arancel aduanero
Und dieses nationale Klasseninteresse ist unter einem
Gesetzbuch vereinigt
Y este interés nacional de clase está unificado bajo un solo
código de leyes
die Bourgeoisie hat während ihrer knapp hundertjährigen
Herrschaft viel erreicht
la burguesía ha logrado mucho durante su gobierno de apenas
cien años
massivere und kolossalere Produktivkräfte als alle
vorhergehenden Generationen zusammen
fuerzas productivas más masivas y colosales que todas las
generaciones precedentes juntas

Die Kräfte der Natur sind dem Willen des Menschen und seiner Maschinerie unterworfen

Las fuerzas de la naturaleza están subyugadas a la voluntad del hombre y su maquinaria

Die Chemie wird auf alle Industrieformen und Landwirtschaftsformen angewendet

La química se aplica a todas las formas de industria y tipos de agricultura

Dampfschiffahrt, Eisenbahnen, elektrische Telegraphen und die Druckerpresse

la navegación a vapor, los ferrocarriles, los telégrafos eléctricos y la imprenta

Rodung ganzer Kontinente für den Anbau, Kanalisierung von Flüssen

desbroce de continentes enteros para el cultivo, canalización de ríos

ganze Populationen wurden aus dem Boden gezaubert und an die Arbeit gebracht

Poblaciones enteras han sido sacadas de la tierra y puestas a trabajar

Welches frühere Jahrhundert hatte auch nur eine Ahnung von dem, was entfesselt werden könnte?

¿Qué siglo anterior tuvo siquiera un presentimiento de lo que podría desencadenarse?

Wer hat vorausgesagt, dass solche Produktivkräfte im Schoß der gesellschaftlichen Arbeit schlummern?

¿Quién predijo que tales fuerzas productivas dormitaban en el regazo del trabajo social?

Wir sehen also, daß die Produktions- und Tauschmittel in der feudalen Gesellschaft erzeugt wurden

Vemos, pues, que los medios de producción y de intercambio se generaban en la sociedad feudal

die Produktionsmittel, auf deren Grundlage sich die Bourgeoisie aufbaute

los medios de producción sobre cuyos cimientos se construyó la burguesía

Auf einer bestimmten Stufe der Entwicklung dieser Produktions- und Tauschmittel

En una determinada etapa del desarrollo de estos medios de producción y de intercambio

die Bedingungen, unter denen die feudale Gesellschaft produzierte und tauschte

las condiciones bajo las cuales la sociedad feudal producía e intercambiaba

Die feudale Organisation der Landwirtschaft und des verarbeitenden Gewerbes

La organización feudal de la agricultura y la industria manufacturera

Die feudalen Eigentumsverhältnisse waren mit den materiellen Verhältnissen nicht mehr vereinbar

Las relaciones feudales de propiedad ya no eran compatibles con las condiciones materiales

Sie mussten gesprengt werden, also wurden sie auseinandergesprengt

Tuvieron que ser reventados en pedazos, por lo que fueron reventados en pedazos

An ihre Stelle trat die freie Konkurrenz der Produktivkräfte

En su lugar entró la libre competencia de las fuerzas productivas

Und sie wurden von einer ihr angepassten sozialen und politischen Verfassung begleitet

y fueron acompañadas de una constitución social y política adaptada a ella

und sie wurde begleitet von der ökonomischen und politischen Herrschaft der Bourgeoisie Klasse

y fue acompañado por el dominio económico y político de la burguesía

Eine ähnliche Bewegung vollzieht sich vor unseren eigenen Augen

Un movimiento similar está ocurriendo ante nuestros propios ojos

Die moderne Bourgeoisie Gesellschaft mit ihren Produktions-, Tausch- und Eigentumsverhältnissen

La sociedad burguesa moderna con sus relaciones de producción, de intercambio y de propiedad

eine Gesellschaft, die so gigantische Produktions- und Tauschmittel heraufbeschworen hat

una sociedad que ha conjurado medios de producción y de intercambio tan gigantescos

Es ist wie der Zauberer, der die Mächte der Unterwelt heraufbeschworen hat

Es como el hechicero que invocó los poderes del mundo inferior

Aber er ist nicht mehr in der Lage, zu kontrollieren, was er in die Welt gebracht hat

Pero ya no es capaz de controlar lo que ha traído al mundo

Viele Jahrzehnte lang war die vergangene Geschichte durch einen roten Faden miteinander verbunden

Durante muchas décadas, la historia pasada estuvo unida por un hilo conductor

Die Geschichte der Industrie und des Handels ist nichts anderes als die Geschichte der Revolten

La historia de la industria y del comercio no ha sido más que la historia de las revueltas

die Revolten der modernen Produktivkräfte gegen die modernen Produktionsbedingungen

las revueltas de las fuerzas productivas modernas contra las condiciones modernas de producción

die Revolten der modernen Produktivkräfte gegen die Eigentumsverhältnisse

Las revueltas de las fuerzas productivas modernas contra las relaciones de propiedad

diese Eigentumsverhältnisse sind die Bedingungen für die Existenz der Bourgeoisie

estas relaciones de propiedad son las condiciones para la existencia de la burguesía

und die Existenz der Bourgeoisie bestimmt die Regeln der Eigentumsverhältnisse

y la existencia de la burguesía determina las reglas de las relaciones de propiedad

Es genügt, die periodische Wiederkehr von Handelskrisen zu erwähnen

Baste mencionar el retorno periódico de las crisis comerciales

jede Handelskrise ist für die Bourgeoisie Gesellschaft bedrohlicher als die letzte

cada crisis comercial es más amenazante para la sociedad burguesa que la anterior

In diesen Krisen wird ein großer Teil der bestehenden Produkte vernichtet

En estas crisis se destruye gran parte de los productos existentes

Diese Krisen zerstören aber auch die zuvor geschaffenen Produktivkräfte

Pero estas crisis también destruyen las fuerzas productivas previamente creadas

In allen früheren Epochen wären diese Epidemien als Absurdität erschienen

En todas las épocas anteriores, estas epidemias habrían parecido un absurdo

denn diese Epidemien sind die kommerziellen Krisen der Überproduktion

porque estas epidemias son las crisis comerciales de la sobreproducción

Die Gesellschaft befindet sich plötzlich wieder in einem Zustand der momentanen Barbarei

De repente, la sociedad se encuentra de nuevo en un estado de barbarie momentánea

als ob ein allgemeiner Verwüstungskrieg jede Möglichkeit des Lebensunterhalts abgeschnitten hätte

como si una guerra universal de devastación hubiera cortado todos los medios de subsistencia

Industrie und Handel scheinen zerstört worden zu sein; Und warum?
la industria y el comercio parecen haber sido destruidos; ¿Y por qué?
Weil es zu viel Zivilisation und Subsistenzmittel gibt
Porque hay demasiada civilización y medios de subsistencia
Und weil es zu viel Industrie und zu viel Handel gibt
y porque hay demasiada industria y demasiado comercio
Die Produktivkräfte, die der Gesellschaft zur Verfügung stehen, entwickeln nicht mehr das Bourgeoisie Eigentum
Las fuerzas productivas a disposición de la sociedad ya no desarrollan la propiedad burguesa
im Gegenteil, sie sind zu mächtig geworden für diese Verhältnisse, durch die sie gefesselt sind
por el contrario, se han vuelto demasiado poderosos para estas condiciones, por las cuales están encadenados
sobald sie diese Fesseln überwunden haben, bringen sie Unordnung in die ganze Bourgeoisie Gesellschaft
tan pronto como superan estas cadenas, traen el desorden a toda la sociedad burguesa
und die Produktivkräfte gefährden die Existenz des Bourgeoisie Eigentums
y las fuerzas productivas ponen en peligro la existencia de la propiedad burguesa
Die Bedingungen der Bourgeoisie Gesellschaft sind zu eng, um den von ihnen geschaffenen Reichtum zu erfassen
Las condiciones de la sociedad burguesa son demasiado estrechas para abarcar la riqueza creada por ellas
Und wie überwindet die Bourgeoisie diese Krisen?
¿Y cómo supera la burguesía estas crisis?
Einerseits überwindet sie diese Krisen durch die erzwungene Vernichtung einer Masse von Produktivkräften
Por un lado, supera estas crisis mediante la destrucción forzada de una masa de fuerzas productivas
Andererseits überwindet sie diese Krisen durch die Eroberung neuer Märkte

por otro lado, supera estas crisis mediante la conquista de nuevos mercados

Und sie überwindet diese Krisen durch die gründlichere Ausbeutung der alten Produktivkräfte

y supera estas crisis mediante la explotación más completa de las viejas fuerzas productivas

Das heißt, indem sie den Weg für umfangreichere und zerstörerischere Krisen ebnen

Es decir, allanando el camino para crisis más extensas y destructivas

Sie überwindet die Krise, indem sie die Mittel zur Krisenprävention einschränkt

supera la crisis disminuyendo los medios para prevenir las crisis

Die Waffen, mit denen die Bourgeoisie den Feudalismus zu Fall brachte, sind jetzt gegen sich selbst gerichtet

Las armas con las que la burguesía derribó el feudalismo se vuelven ahora contra sí misma

Aber die Bourgeoisie hat nicht nur die Waffen geschmiedet, die sich selbst den Tod bringen

Pero la burguesía no sólo ha forjado las armas que le dan la muerte

Sie hat auch die Männer ins Leben gerufen, die diese Waffen führen sollen

También ha llamado a la existencia a los hombres que han de empuñar esas armas

Und diese Männer sind die moderne Arbeiterklasse; Sie sind die Proletarier

Y estos hombres son la clase obrera moderna; Son los proletarios

In dem Maße, wie die Bourgeoisie entwickelt ist, entwickelt sich auch das Proletariat

En la misma proporción en que se desarrolla la burguesía, en la misma proporción se desarrolla el proletariado

Die moderne Arbeiterklasse entwickelte eine Klasse von Arbeitern

La clase obrera moderna desarrolló una clase de trabajadores

Diese Klasse von Arbeitern lebt nur so lange, wie sie Arbeit findet

Esta clase de obreros vive sólo mientras encuentran trabajo

Und sie finden nur so lange Arbeit, wie ihre Arbeit das Kapital vermehrt

y sólo encuentran trabajo mientras su trabajo aumenta el capital

Diese Arbeiter, die sich stückweise verkaufen müssen, sind eine Ware

Estos obreros, que deben venderse a destajo, son una mercancía

Diese Arbeiter sind wie jeder andere Handelsartikel

Estos obreros son como cualquier otro artículo de comercio

und sie sind folglich allen Wechselfällen des Wettbewerbs ausgesetzt

y, en consecuencia, están expuestos a todas las vicisitudes de la competencia

Sie müssen alle Schwankungen des Marktes überstehen

Tienen que capear todas las fluctuaciones del mercado

Aufgrund des umfangreichen Maschineneinsatzes und der Arbeitsteilung

Debido al uso extensivo de maquinaria y a la división del trabajo

Die Arbeit der Proletarier hat jeden individuellen Charakter verloren

El trabajo de los proletarios ha perdido todo carácter individual

Und folglich hat die Arbeit der Proletarier für den Arbeiter jeden Reiz verloren

y, en consecuencia, el trabajo de los proletarios ha perdido todo encanto para el obrero

Er wird zu einem Anhängsel der Maschine und nicht mehr zu dem Mann, der er einmal war

Se convierte en un apéndice de la máquina, en lugar del hombre que una vez fue

Nur das einfachste, eintönigste und am leichtesten zu erwerbende Geschick wird von ihm verlangt

Sólo se requiere de él la habilidad más simple, monótona y más fácil de adquirir

Daher sind die Produktionskosten eines Arbeiters begrenzt

Por lo tanto, el costo de producción de un trabajador está restringido

sie beschränkt sich fast ausschließlich auf die Mittel zur Bestreitung des Lebensunterhalts, die er zu seinem Unterhalt benötigt

se restringe casi por completo a los medios de subsistencia que necesita para su manutención

und sie beschränkt sich auf die Subsistenzmittel, die er zur Fortpflanzung seiner Rasse benötigt

y se restringe a los medios de subsistencia que necesita para la propagación de su raza

Aber der Preis einer Ware, also auch der Arbeit, ist gleich ihren Produktionskosten

Pero el precio de una mercancía, y por lo tanto también del trabajo, es igual a su costo de producción

In dem Maße also, wie die Widerwärtigkeit der Arbeit zunimmt, sinkt der Lohn

Por lo tanto, a medida que aumenta la repulsividad del trabajo, disminuye el salario

Ja, die Widerwärtigkeit seiner Arbeit nimmt sogar noch mehr zu

Es más, la repulsión de su obra aumenta a un ritmo aún mayor

In dem Maße, wie der Einsatz von Maschinen und die Arbeitsteilung zunehmen, steigt auch die Last der Arbeit

A medida que aumenta el uso de maquinaria y la división del trabajo, también lo hace la carga del trabajo

Die Arbeitsbelastung wird durch die Verlängerung der Arbeitszeit erhöht

La carga del trabajo se incrementa con la prolongación de las horas de trabajo

Dem Arbeiter wird in der gleichen Zeit mehr zugemutet als zuvor

Se espera más del obrero en el mismo tiempo que antes

Und natürlich wird die Last der Arbeit durch die Geschwindigkeit der Maschinerie erhöht

Y, por supuesto, la carga del trabajo aumenta por la velocidad de la maquinaria

Die moderne Industrie hat die kleine Werkstatt des patriarchalischen Meisters in die große Fabrik des industriellen Kapitalisten verwandelt

La industria moderna ha convertido el pequeño taller del amo patriarcal en la gran fábrica del capitalista industrial

Massen von Arbeitern, die in die Fabrik gedrängt sind, sind wie Soldaten organisiert

Las masas de obreros, hacinados en la fábrica, están organizadas como soldados

Als Gefreite der Industriearmee stehen sie unter dem Kommando einer vollkommenen Hierarchie von Offizieren und Unteroffizieren

Como soldados rasos del ejército industrial están bajo el mando de una jerarquía perfecta de oficiales y sargentos

sie sind nicht nur die Sklaven der Bourgeoisie und des Staates

no sólo son esclavos de la burguesía y del Estado

Aber sie werden auch täglich und stündlich von der Maschine versklavt

pero también son esclavizados diariamente y cada hora por la máquina

sie sind Sklaven des Aufsehers und vor allem des einzelnen Bourgeoisie Fabrikanten selbst

están esclavizados por el vigilante y, sobre todo, por el propio fabricante burgués

Je offener dieser Despotismus den Gewinn als seinen Zweck und sein Ziel proklamiert, desto kleinlicher, verhaßter und verbitterender ist er

Cuanto más abiertamente proclama este despotismo que la ganancia es su fin y su fin, tanto más mezquino, más odioso y más amargo es

Je mehr sich die moderne Industrie entwickelt, desto geringer sind die Unterschiede zwischen den Geschlechtern

Cuanto más se desarrolla la industria moderna, menores son las diferencias entre los sexos

Je geringer die Geschicklichkeit und Kraftanstrengung der Handarbeit ist, desto mehr wird die Arbeit der Männer von der der Frauen verdrängt

Cuanto menor es la habilidad y el ejercicio de la fuerza implícitos en el trabajo manual, tanto más el trabajo de los hombres es reemplazado por el de las mujeres

Alters- und Geschlechtsunterschiede haben für die Arbeiterklasse keine besondere gesellschaftliche Gültigkeit mehr

Las diferencias de edad y sexo ya no tienen ninguna validez social distintiva para la clase obrera

Alle sind Arbeitsinstrumente, die je nach Alter und Geschlecht mehr oder weniger teuer zu gebrauchen sind

Todos son instrumentos de trabajo, más o menos costosos de usar, según su edad y sexo

sobald der Arbeiter seinen Lohn in bar erhält, wird er von den übrigen Teilen der Bourgeoisie angegriffen

tan pronto como el obrero recibe su salario en efectivo, es atacado por las otras partes de la burguesía

der Vermieter, der Ladenbesitzer, der Pfandleiher usw

el propietario, el tendero, el prestamista, etc

Die unteren Schichten der Mittelschicht; die kleinen Handwerker und Ladenbesitzer

Los estratos más bajos de la clase media; los pequeños comerciantes y tenderos

die pensionierten Gewerbetreibenden überhaupt, die Handwerker und Bauern

los comerciantes jubilados en general, y los artesanos y campesinos

all dies sinkt allmählich in das Proletariat ein
todo esto se hunde poco a poco en el proletariado
**theils deshalb, weil ihr winziges Kapital nicht ausreicht für
den Maßstab, in dem die moderne Industrie betrieben wird**
en parte porque su minúsculo capital no basta para la escala
en que se desarrolla la industria moderna
**und weil sie in der Konkurrenz mit den Großkapitalisten
überschwemmt wird**
y porque está inundada en la competencia con los grandes
capitalistas
**zum Teil deshalb, weil ihr spezialisiertes Können durch die
neuen Produktionsmethoden wertlos wird**
en parte porque sus habilidades especializadas se vuelven
inútiles por los nuevos métodos de producción
**So rekrutiert sich das Proletariat aus allen Klassen der
Bevölkerung**
De este modo, el proletariado es reclutado entre todas las
clases de la población
Das Proletariat durchläuft verschiedene Entwicklungsstufen
El proletariado pasa por varias etapas de desarrollo
Mit ihrer Geburt beginnt der Kampf mit der Bourgeoisie
Con su nacimiento comienza su lucha con la burguesía
Zuerst wird der Kampf von einzelnen Arbeitern geführt
Al principio, la contienda es llevada a cabo por trabajadores
individuales
**Dann wird der Kampf von den Arbeitern einer Fabrik
ausgetragen**
Entonces el concurso es llevado a cabo por los obreros de una
fábrica
**Dann wird der Kampf von den Arbeitern eines Gewerbes an
einem Ort ausgetragen**
Entonces la contienda es llevada a cabo por los operarios de
un oficio, en una localidad
**und der Kampf richtet sich dann gegen die einzelne
Bourgeoisie, die sie direkt ausbeutet**

y la contienda es entonces contra la burguesía individual que los explota directamente

Sie richten ihre Angriffe nicht gegen die Bourgeoisie Produktionsbedingungen

No dirigen sus ataques contra las condiciones de producción de la burguesía

aber sie richten ihren Angriff gegen die Produktionsmittel selbst

pero dirigen su ataque contra los propios instrumentos de producción

Sie vernichten importierte Waren, die mit ihrer Arbeitskraft konkurrieren

destruyen mercancías importadas que compiten con su mano de obra

Sie zertrümmern Maschinen und setzen Fabriken in Brand

Hacen pedazos la maquinaria y prenden fuego a las fábricas

sie versuchen, den verschwundenen Status des Arbeiters des Mittelalters mit Gewalt wiederherzustellen

tratan de restaurar por la fuerza el estado desaparecido del obrero de la Edad Media

In diesem Stadium bilden die Arbeiter noch eine unzusammenhängende Masse, die über das ganze Land verstreut ist

En esta etapa, los obreros forman todavía una masa incoherente dispersa por todo el país

und sie werden durch ihre gegenseitige Konkurrenz zerrissen

y se rompen por su mutua competencia

Wenn sie sich irgendwo zu kompakteren Körpern vereinigen, so ist dies noch nicht die Folge ihrer eigenen aktiven Vereinigung

Si en alguna parte se unen para formar cuerpos más compactos, esto no es todavía la consecuencia de su propia unión activa

aber es ist eine Folge der Vereinigung der Bourgeoisie, ihre eigenen politischen Ziele zu erreichen

pero es una consecuencia de la unión de la burguesía, para alcanzar sus propios fines políticos

die Bourgeoisie ist gezwungen, das ganze Proletariat in Bewegung zu setzen

la burguesía se ve obligada a poner en movimiento a todo el proletariado

und überdies ist die Bourgeoisie eine Zeitlang dazu in der Lage

y además, por un momento, la burguesía es capaz de hacerlo

In diesem Stadium kämpfen die Proletarier also nicht gegen ihre Feinde

Por lo tanto, en esta etapa, los proletarios no luchan contra sus enemigos

Stattdessen kämpfen sie gegen die Feinde ihrer Feinde

sino que están luchando contra los enemigos de sus enemigos

Der Kampf gegen die Überreste der absoluten Monarchie und die Großgrundbesitzer

la lucha contra los restos de la monarquía absoluta y los terratenientes

sie bekämpfen die nicht-industrielle Bourgeoisie; das Kleiliche Bourgeoisie

luchan contra la burguesía no industrial; la pequeña burguesía

So ist die ganze historische Bewegung in den Händen der Bourgeoisie konzentriert

De este modo, todo el movimiento histórico se concentra en manos de la burguesía

jeder so errungene Sieg ist ein Sieg der Bourgeoisie

cada victoria así obtenida es una victoria para la burguesía

Aber mit der Entwicklung der Industrie wächst nicht nur die Zahl des Proletariats

Pero con el desarrollo de la industria, el proletariado no sólo aumenta en número

das Proletariat konzentriert sich in größeren Massen und seine Kraft wächst

el proletariado se concentra en grandes masas y su fuerza crece

und das Proletariat spürt diese Kraft mehr und mehr

y el proletariado siente cada vez más esa fuerza

Die verschiedenen Interessen und Lebensbedingungen in den Reihen des Proletariats gleichen sich mehr und mehr an

Los diversos intereses y condiciones de vida en las filas del proletariado se igualan cada vez más

sie werden in dem Maße größer, wie die Maschinerie alle Unterschiede der Arbeit verwischt

se vuelven más proporcionales a medida que la maquinaria borra todas las distinciones de trabajo

Und die Maschinen senken fast überall die Löhne auf das gleiche niedrige Niveau

y la maquinaria reduce los salarios al mismo nivel bajo en casi todas partes

Die wachsende Konkurrenz der Bourgeoisie und die daraus resultierenden Handelskrisen lassen die Löhne der Arbeiter immer schwankender

La creciente competencia entre la burguesía, y las crisis comerciales resultantes, hacen que los salarios de los obreros sean cada vez más fluctuantes

Die unaufhörliche Verbesserung der sich immer schneller entwickelnden Maschinen macht ihren Lebensunterhalt immer prekärer

La mejora incesante de la maquinaria, que se desarrolla cada vez más rápidamente, hace que sus medios de vida sean cada vez más precarios

die Kollisionen zwischen einzelnen Arbeitern und einzelnen Bourgeoisien nehmen immer mehr den Charakter von Zusammenstößen zwischen zwei Klassen an

los choques entre obreros individuales y burgueses individuales toman cada vez más el carácter de choques entre dos clases

Darauf beginnen die Arbeiter, sich gegen die Bourgeoisie zu verbünden (Gewerkschaften)

A partir de ese momento, los obreros comienzan a formar uniones (sindicatos) contra la burguesía

Sie schließen sich zusammen, um die Löhne hoch zu halten
se agrupan para mantener el ritmo de los salarios
sie gründeten ständige Vereinigungen, um für diese
gelegentlichen Revolten im voraus Vorsorge zu treffen
Fundaron asociaciones permanentes para hacer frente de
antemano a estas revueltas ocasionales
Hier und da bricht der Wettkampf in Ausschreitungen aus
Aquí y allá la contienda estalla en disturbios
Hin und wieder siegen die Arbeiter, aber nur für eine
gewisse Zeit
De vez en cuando los obreros salen victoriosos, pero sólo por
un tiempo
Die wirkliche Frucht ihrer Kämpfe liegt nicht in den
unmittelbaren Ergebnissen, sondern in der immer größer
werdenden Vereinigung der Arbeiter
El verdadero fruto de sus batallas no reside en el resultado
inmediato, sino en la unión cada vez mayor de los
trabajadores
Diese Vereinigung wird durch die verbesserten
Kommunikationsmittel unterstützt, die von der modernen
Industrie geschaffen werden
Esta unión se ve favorecida por la mejora de los medios de
comunicación creados por la industria moderna
Die moderne Kommunikation bringt die Arbeiter
verschiedener Orte miteinander in Kontakt
La comunicación moderna pone en contacto a los trabajadores
de diferentes localidades
Es war gerade dieser Kontakt, der nötig war, um die
zahlreichen lokalen Kämpfe zu einem nationalen Kampf
zwischen den Klassen zu zentralisieren
Era precisamente este contacto el que se necesitaba para
centralizar las numerosas luchas locales en una lucha nacional
entre clases
Alle diese Kämpfe haben den gleichen Charakter, und jeder
Klassenkampf ist ein politischer Kampf

Todas estas luchas tienen el mismo carácter, y toda lucha de clases es una lucha política

die Bürger des Mittelalters mit ihren elenden Landstraßen brauchten Jahrhunderte, um ihre Vereinigungen zu bilden

los burgueses de la Edad Media, con sus miserables carreteras, necesitaron siglos para formar sus uniones

Die modernen Proletarier erreichen dank der Eisenbahn ihre Gewerkschaften innerhalb weniger Jahre

Los proletarios modernos, gracias a los ferrocarriles, logran sus sindicatos en pocos años

Diese Organisation der Proletarier zu einer Klasse formte sie folglich zu einer politischen Partei

Esta organización de los proletarios en una clase los formó, por consiguiente, en un partido político

Die politische Klasse wird immer wieder durch die Konkurrenz zwischen den Arbeitern selbst verärgert

La clase política se ve continuamente molesta por la competencia entre los propios trabajadores

Aber die politische Klasse erhebt sich weiter, stärker, fester, mächtiger

Pero la clase política sigue levantándose de nuevo, más fuerte, más firme, más poderosa

Er zwingt zur gesetzgeberischen Anerkennung der besonderen Interessen der Arbeitnehmer

Obliga al reconocimiento legislativo de los intereses particulares de los trabajadores

sie tut dies, indem sie sich die Spaltungen innerhalb der Bourgeoisie selbst zunutze macht

lo hace aprovechándose de las divisiones en el seno de la propia burguesía

Damit wurde das Zehnstundengesetz in England in Kraft gesetzt

De este modo, el proyecto de ley de las diez horas en Inglaterra se convirtió en ley

in vielerlei Hinsicht ist der Zusammenstoß zwischen den
Klassen der alten Gesellschaft ferner der Entwicklungsgang
des Proletariats

en muchos sentidos, las colisiones entre las clases de la vieja
sociedad son, además, el curso del desarrollo del proletariado

Die Bourgeoisie befindet sich in einem ständigen Kampf

La burguesía se ve envuelta en una batalla constante

**Zuerst wird sie sich in einem ständigen Kampf mit der
Aristokratie wiederfinden**

Al principio se verá envuelto en una batalla constante con la
aristocracia

**später wird sie sich in einem ständigen Kampf mit diesen
Teilen der Bourgeoisie selbst wiederfinden**

más tarde se verá envuelta en una batalla constante con esas
partes de la propia burguesía

**und ihre Interessen werden dem Fortschritt der Industrie
entgegengesetzt sein**

y sus intereses se habrán vuelto antagónicos al progreso de la
industria

**zu allen Zeiten werden ihre Interessen mit der Bourgeoisie
fremder Länder in Konflikt geraten sein**

en todo momento, sus intereses se habrán vuelto antagónicos
con la burguesía de los países extranjeros

**In allen diesen Kämpfen sieht sie sich genötigt, an das
Proletariat zu appellieren, und bittet es um Hilfe**

En todas estas batallas se ve obligado a apelar al proletariado
y pide su ayuda

**Und so wird sie sich gezwungen sehen, sie in die politische
Arena zu zerren**

y, por lo tanto, se sentirá obligado a arrastrarlo a la arena
política

**Die Bourgeoisie selbst versorgt also das Proletariat mit ihren
eigenen Instrumenten der politischen und allgemeinen
Erziehung**

La burguesía misma, por lo tanto, suministra al proletariado
sus propios instrumentos de educación política y general

mit anderen Worten, sie liefert dem Proletariat Waffen für
den Kampf gegen die Bourgeoisie

en otras palabras, suministra al proletariado armas para luchar
contra la burguesía

Ferner werden, wie wir schon gesehen haben, ganze
Schichten der herrschenden Klassen in das Proletariat
hineingestürzt

Además, como ya hemos visto, sectores enteros de las clases
dominantes se precipitan en el proletariado

der Fortschritt der Industrie saugt sie in das Proletariat
hinein

el avance de la industria los absorbe en el proletariado

oder zumindest sind sie in ihren Existenzbedingungen
bedroht

o, al menos, están amenazados en sus condiciones de
existencia

Diese versorgen auch das Proletariat mit frischen Elementen
der Aufklärung und des Fortschritts

Estos también suministran al proletariado nuevos elementos
de ilustración y progreso

Endlich, in Zeiten, in denen sich der Klassenkampf der
entscheidenden Stunde nähert

Finalmente, en momentos en que la lucha de clases se acerca a
la hora decisiva

Der Auflösungsprozess innerhalb der herrschenden Klasse

el proceso de disolución que se está llevando a cabo en el seno
de la clase dominante

In der Tat wird die Auflösung, die sich innerhalb der
herrschenden Klasse vollzieht, in der gesamten Bandbreite
der Gesellschaft zu spüren sein

De hecho, la disolución que se está produciendo en el seno de
la clase dominante se sentirá en toda la sociedad

Sie wird einen so gewalttätigen, krassen Charakter
annehmen, dass ein kleiner Teil der herrschenden Klasse
sich selbst abtreibt

Tomará un carácter tan violento y deslumbrante, que un pequeño sector de la clase dominante se quedará a la deriva

Und diese herrschende Klasse wird sich der revolutionären Klasse anschließen

y esa clase dominante se unirá a la clase revolucionaria

Die revolutionäre Klasse ist die Klasse, die die Zukunft in ihren Händen hält

La clase revolucionaria es la clase que tiene el futuro en sus manos

Wie in früheren Zeiten ging ein Teil des Adels zur Bourgeoisie über

Al igual que en un período anterior, una parte de la nobleza se pasó a la burguesía

ebenso wird ein Teil der Bourgeoisie zum Proletariat übergehen

de la misma manera que una parte de la burguesía se pasará al proletariado

insbesondere wird ein Teil der Bourgeoisie zu einem Teil der Bourgeoisie Ideologen übergehen

en particular, una parte de la burguesía pasará a una parte de los ideólogos de la burguesía

Bourgeoisie Ideologen, die sich auf die Ebene erhoben haben, die historische Bewegung als Ganzes theoretisch zu begreifen

Ideólogos burgueses que se han elevado al nivel de comprender teóricamente el movimiento histórico en su conjunto

Von allen Klassen, die heute der Bourgeoisie gegenüberstehen, ist das Proletariat allein eine wirklich revolutionäre Klasse

De todas las clases que hoy se encuentran frente a frente con la burguesía, sólo el proletariado es una clase realmente revolucionaria

Die anderen Klassen zerfallen und verschwinden schließlich im Angesicht der modernen Industrie

Las otras clases decaen y finalmente desaparecen frente a la industria moderna
das Proletariat ist ihr besonderes und wesentliches Produkt
el proletariado es su producto especial y esencial
Die untere Mittelschicht, der kleine Fabrikant, der Ladenbesitzer, der Handwerker, der Bauer
La clase media baja, el pequeño fabricante, el tendero, el artesano, el campesino
all diese Kämpfe gegen die Bourgeoisie
todos ellos luchan contra la burguesía
Sie kämpfen als Fraktionen der Mittelschicht, um sich vor dem Aussterben zu retten
Luchan como fracciones de la clase media para salvarse de la extinción
Sie sind also nicht revolutionär, sondern konservativ
Por lo tanto, no son revolucionarios, sino conservadores
Ja, mehr noch, sie sind reaktionär, denn sie versuchen, das Rad der Geschichte zurückzudrehen
Más aún, son reaccionarios, porque tratan de hacer retroceder la rueda de la historia
Wenn sie zufällig revolutionär sind, so sind sie es nur im Hinblick auf ihre bevorstehende Überführung in das Proletariat
Si por casualidad son revolucionarios, lo son sólo en vista de su inminente transferencia al proletariado
Sie verteidigen also nicht ihre gegenwärtigen, sondern ihre zukünftigen Interessen
Por lo tanto, no defienden sus intereses presentes, sino sus intereses futuros
sie verlassen ihren eigenen Standpunkt, um sich auf den des Proletariats zu stellen
abandonan su propio punto de vista para situarse en el del proletariado
Die »gefährliche Klasse«, der soziale Abschaum, diese passiv verrottende Masse, die von den untersten Schichten der alten Gesellschaft abgeworfen wird

La "clase peligrosa", la escoria social, esa masa pasivamente putrefacta arrojada por las capas más bajas de la vieja sociedad

sie können hier und da von einer proletarischen Revolution in die Bewegung hineingerissen werden

pueden, aquí y allá, ser arrastrados al movimiento por una revolución proletaria

Seine Lebensbedingungen bereiten ihn jedoch viel mehr auf die Rolle eines bestochenen Werkzeugs reaktionärer Intrigen vor

Sus condiciones de vida, sin embargo, la preparan mucho más para el papel de un instrumento sobornado de la intriga reaccionaria

In den Verhältnissen des Proletariats sind die Verhältnisse der alten Gesellschaft im Allgemeinen bereits praktisch überschwemmt

En las condiciones del proletariado, los de la vieja sociedad en general están ya virtualmente desbordados

Der Proletarier ist ohne Eigentum

El proletario carece de propiedad

sein Verhältnis zu Frau und Kindern hat mit den Familienverhältnissen der Bourgeoisie nichts mehr gemein

su relación con su mujer y sus hijos ya no tiene nada en común con las relaciones familiares de la burguesía

moderne industrielle Arbeit, moderne Unterwerfung unter das Kapital, dasselbe in England wie in Frankreich, in Amerika wie in Deutschland

el trabajo industrial moderno, el sometimiento moderno al capital, lo mismo en Inglaterra que en Francia, en Estados Unidos como en Alemania

Seine Stellung in der Gesellschaft hat ihm jede Spur von nationalem Charakter genommen

Su condición en la sociedad lo ha despojado de todo rastro de carácter nacional

Gesetz, Moral, Religion sind für ihn so viele Bourgeoisie Vorurteile

El derecho, la moral, la religión, son para él otros tantos prejuicios burgueses

und hinter diesen Vorurteilen lauern ebenso viele Bourgeoisie Interessen

y detrás de estos prejuicios acechan emboscados otros tantos intereses burgueses

Alle vorhergehenden Klassen, die die Oberhand gewannen, versuchten, ihren bereits erworbenen Status zu festigen

Todas las clases precedentes que se impusieron trataron de fortalecer su estatus ya adquirido

Sie taten dies, indem sie die Gesellschaft als Ganzes ihren Aneignungsbedingungen unterwarfen

Lo hicieron sometiendo a la sociedad en general a sus condiciones de apropiación

Die Proletarier können nicht Herren der Produktivkräfte der Gesellschaft werden

Los proletarios no pueden llegar a ser dueños de las fuerzas productivas de la sociedad

Sie kann dies nur tun, indem sie ihre eigene bisherige Aneignungsweise abschafft

sólo puede hacerlo aboliendo su propio modo anterior de apropiación

Und damit hebt sie auch jede andere bisherige Aneignungsweise auf

y, por lo tanto, también suprime cualquier otro modo anterior de apropiación

Sie haben nichts Eigenes zu sichern und zu festigen

No tienen nada propio que asegurar y fortificar

Ihre Aufgabe ist es, alle bisherigen Sicherheiten und Versicherungen für individuelles Eigentum zu vernichten

Su misión es destruir todos los valores y seguros anteriores de la propiedad individual

Alle bisherigen historischen Bewegungen waren Bewegungen von Minderheiten

Todos los movimientos históricos anteriores fueron movimientos de minorías

oder es handelte sich um Bewegungen im Interesse von Minderheiten

o eran movimientos en interés de las minorías

Die proletarische Bewegung ist die selbstbewusste, selbständige Bewegung der ungeheuren Mehrheit

El movimiento proletario es el movimiento consciente e independiente de la inmensa mayoría

Und es ist eine Bewegung im Interesse der großen Mehrheit

Y es un movimiento en interés de la inmensa mayoría

Das Proletariat, die unterste Schicht unserer heutigen Gesellschaft

El proletariado, el estrato más bajo de nuestra sociedad actual

Sie kann sich nicht regen oder erheben, ohne daß die ganze übergeordnete Schicht der offiziellen Gesellschaft in die Luft geschleudert wird

no puede agitarse ni elevarse sin que todos los estratos superiores de la sociedad oficial salgan al aire

Der Kampf des Proletariats mit der Bourgeoisie ist, wenn auch nicht der Substanz nach, doch zunächst ein nationaler Kampf

Aunque no en el fondo, sí en la forma, la lucha del proletariado con la burguesía es, al principio, una lucha nacional

Das Proletariat eines jeden Landes muss natürlich vor allem mit seiner eigenen Bourgeoisie abrechnen

El proletariado de cada país debe, por supuesto, en primer lugar arreglar las cosas con su propia burguesía

Indem wir die allgemeinsten Phasen der Entwicklung des Proletariats schilderten, verfolgten wir den mehr oder weniger verhüllten Bürgerkrieg

Al describir las fases más generales del desarrollo del proletariado, hemos trazado la guerra civil más o menos velada

Diese Zivilgesellschaft wütet in der bestehenden Gesellschaft

Este civil está haciendo estragos dentro de la sociedad existente

Er wird bis zu dem Punkt wüten, an dem dieser Krieg in eine offene Revolution ausbricht

Se enfurecerá hasta el punto en que esa guerra estalle en una revolución abierta

und dann legt der gewaltsame Sturz der Bourgeoisie die Grundlage für die Herrschaft des Proletariats

y luego el derrocamiento violento de la burguesía sienta las bases para el dominio del proletariado

Bisher beruhte jede Gesellschaftsform, wie wir bereits gesehen haben, auf dem Antagonismus unterdrückender und unterdrückter Klassen

Hasta ahora, todas las formas de sociedad se han basado, como ya hemos visto, en el antagonismo de las clases opresoras y oprimidas

Um aber eine Klasse zu unterdrücken, müssen ihr gewisse Bedingungen zugesichert werden

Pero para oprimir a una clase, hay que asegurarle ciertas condiciones

Die Klasse muss unter Bedingungen gehalten werden, unter denen sie wenigstens ihre sklavische Existenz fortsetzen kann

La clase debe ser mantenida en condiciones en las que pueda, por lo menos, continuar su existencia servil

Der Leibeigene erhob sich in der Zeit der Leibeigenschaft zum Mitglied der Kommune

El siervo, en el período de la servidumbre, se elevaba a la comuna

so wie es dem Kleinbourgeoisie unter dem Joch des feudalen Absolutismus gelang, sich zur Bourgeoisie zu entwickeln

del mismo modo que la pequeña burguesía, bajo el yugo del absolutismo feudal, logró convertirse en burguesía

Der moderne Arbeiter dagegen sinkt, anstatt sich mit dem Fortschritt der Industrie zu erheben, immer tiefer

El obrero moderno, por el contrario, en lugar de elevarse con el progreso de la industria, se hunde cada vez más

Er sinkt unter die Existenzbedingungen seiner eigenen Klasse

se hunde por debajo de las condiciones de existencia de su propia clase

Er wird ein Bettler, und der Pauperismus entwickelt sich schneller als Bevölkerung und Reichtum

Se convierte en un indigente, y el pauperismo se desarrolla más rápidamente que la población y la riqueza

Und hier zeigt sich, dass die Bourgeoisie nicht mehr geeignet ist, die herrschende Klasse in der Gesellschaft zu sein

Y aquí se hace evidente que la burguesía ya no es apta para ser la clase dominante de la sociedad

und sie ist ungeeignet, der Gesellschaft ihre Existenzbedingungen als übergeordnetes Gesetz aufzuzwingen

y no es apta para imponer sus condiciones de existencia a la sociedad como una ley imperativa

Sie ist unfähig zu herrschen, weil sie unfähig ist, ihrem Sklaven in seiner Sklaverei eine Existenz zu sichern

Es incapaz de gobernar porque es incapaz de asegurar una existencia a su esclavo dentro de su esclavitud

denn sie kann nicht anders, als ihn in einen solchen Zustand sinken zu lassen, daß sie ihn ernähren muss, statt von ihm gefüttert zu werden

porque no puede evitar dejarlo hundirse en tal estado, que tiene que alimentarlo, en lugar de ser alimentado por él

Die Gesellschaft kann nicht länger unter dieser Bourgeoisie leben

La sociedad ya no puede vivir bajo esta burguesía

Mit anderen Worten, ihre Existenz ist nicht mehr mit der Gesellschaft vereinbar

En otras palabras, su existencia ya no es compatible con la sociedad

Die wesentliche Bedingung für die Existenz und die Herrschaft der Bourgeoisie Klasse ist die Bildung und Vermehrung des Kapitals

La condición esencial para la existencia y el dominio de la burguesía es la formación y el aumento del capital

Die Bedingung für das Kapital ist Lohnarbeit

La condición del capital es el trabajo asalariado

Die Lohnarbeit beruht ausschließlich auf der Konkurrenz zwischen den Arbeitern

El trabajo asalariado se basa exclusivamente en la competencia entre los trabajadores

Der Fortschritt der Industrie, deren unfreiwilliger Förderer die Bourgeoisie ist, tritt an die Stelle der Isolierung der Arbeiter

El avance de la industria, cuyo promotor involuntario es la burguesía, sustituye al aislamiento de los obreros

durch die Konkurrenz, durch ihre revolutionäre Kombination, durch die Assoziation

por la competencia, por su combinación revolucionaria, por la asociación

Die Entwicklung der modernen Industrie schneidet ihr die Grundlage unter den Füßen weg, auf der die Bourgeoisie Produkte produziert und sich aneignet

El desarrollo de la industria moderna corta bajo sus pies los cimientos mismos sobre los cuales la burguesía produce y se apropia de los productos

Was die Bourgeoisie vor allem produziert, sind ihre eigenen Totengräber

Lo que la burguesía produce, sobre todo, son sus propios sepultureros

Der Sturz der Bourgeoisie und der Sieg des Proletariats sind gleichermaßen unvermeidlich

La caída de la burguesía y la victoria del proletariado son igualmente inevitables

Proletarier und Kommunisten
Proletarios y comunistas

In welchem Verhältnis stehen die Kommunisten zu den Proletariern insgesamt?

¿Qué relación tienen los comunistas con el conjunto de los proletarios?

Die Kommunisten bilden keine eigene Partei, die anderen Arbeiterparteien entgegengesetzt ist

Los comunistas no forman un partido separado opuesto a otros partidos de la clase obrera

Sie haben keine Interessen, die von denen des Proletariats als Ganzes getrennt und getrennt sind

No tienen intereses separados y aparte de los del proletariado en su conjunto

Sie stellen keine eigenen sektiererischen Prinzipien auf, nach denen sie die proletarische Bewegung formen und formen könnten

No establecen ningún principio sectario propio, con el cual dar forma y moldear el movimiento proletario

Die Kommunisten unterscheiden sich von den anderen Arbeiterparteien nur durch zwei Dinge

Los comunistas se distinguen de los demás partidos obreros sólo por dos cosas

Erstens: Sie weisen auf die gemeinsamen Interessen des gesamten Proletariats hin und bringen sie in den Vordergrund, unabhängig von jeder Nationalität

En primer lugar, señalan y ponen en primer plano los intereses comunes de todo el proletariado, independientemente de toda nacionalidad

Das tun sie in den nationalen Kämpfen der Proletarier der verschiedenen Länder

Esto lo hacen en las luchas nacionales de los proletarios de los diferentes países

Zweitens vertreten sie immer und überall die Interessen der gesamten Bewegung

En segundo lugar, siempre y en todas partes representan los intereses del movimiento en su conjunto

das tun sie in den verschiedenen Entwicklungsstadien, die der Kampf der Arbeiterklasse gegen die Bourgeoisie zu durchlaufen hat

esto lo hacen en las diversas etapas de desarrollo por las que tiene que pasar la lucha de la clase obrera contra la burguesía

Die Kommunisten sind also auf der einen Seite praktisch der fortschrittlichste und entschiedenste Teil der Arbeiterparteien eines jeden Landes

Los comunistas son, por lo tanto, por una parte, prácticamente, el sector más avanzado y resuelto de los partidos obreros de todos los países

Sie sind der Teil der Arbeiterklasse, der alle anderen vorantreibt

Son ese sector de la clase obrera que empuja hacia adelante a todos los demás

Theoretisch haben sie auch den Vorteil, dass sie die Marschlinie klar verstehen

Teóricamente, también tienen la ventaja de entender claramente la línea de marcha

Das verstehen sie besser im Vergleich zu der großen Masse des Proletariats

Esto lo comprenden mejor comparado con la gran masa del proletariado

Sie verstehen die Bedingungen und die letzten allgemeinen Ergebnisse der proletarischen Bewegung

Comprenden las condiciones y los resultados generales finales del movimiento proletario

Das unmittelbare Ziel des Kommunisten ist dasselbe wie das aller anderen proletarischen Parteien

El objetivo inmediato del comunista es el mismo que el de todos los demás partidos proletarios

Ihr Ziel ist die Formierung des Proletariats zu einer Klasse

Su objetivo es la formación del proletariado en una clase

sie zielen darauf ab, die Vorherrschaft der Bourgeoisie zu stürzen

su objetivo es derrocar la supremacía burguesa

das Streben nach politischer Machteroberung durch das Proletariat

la lucha por la conquista del poder político por el proletariado

Die theoretischen Schlußfolgerungen der Kommunisten beruhen in keiner Weise auf Ideen oder Prinzipien der Reformer

Las conclusiones teóricas de los comunistas no se basan en modo alguno en ideas o principios de reformadores

es waren keine Möchtegern-Universalreformer, die die theoretischen Schlussfolgerungen der Kommunisten erfunden oder entdeckt haben

no fueron los aspirantes a reformadores universales los que inventaron o descubrieron las conclusiones teóricas de los comunistas

Sie drücken lediglich in allgemeinen Begriffen tatsächliche Verhältnisse aus, die aus einem bestehenden Klassenkampf hervorgehen

Se limitan a expresar, en términos generales, las relaciones reales que surgen de una lucha de clases existente

Und sie beschreiben die historische Bewegung, die sich unter unseren Augen abspielt und die diesen Klassenkampf hervorgebracht hat

Y describen el movimiento histórico que está ocurriendo ante nuestros propios ojos y que ha creado esta lucha de clases

Die Abschaffung bestehender Eigentumsverhältnisse ist keineswegs ein charakteristisches Merkmal des Kommunismus

La abolición de las relaciones de propiedad existentes no es en absoluto un rasgo distintivo del comunismo

Alle Eigentumsverhältnisse in der Vergangenheit waren einem ständigen historischen Wandel unterworfen

Todas las relaciones de propiedad en el pasado han estado continuamente sujetas a cambios históricos

Und diese Veränderungen waren eine Folge der Veränderung der historischen Bedingungen

y estos cambios fueron consecuencia del cambio en las condiciones históricas

Die Französische Revolution zum Beispiel schaffte das Feudaleigentum zugunsten des Bourgeoisie Eigentums ab

La Revolución Francesa, por ejemplo, abolió la propiedad feudal en favor de la propiedad burguesa

Das Unterscheidungsmerkmal des Kommunismus ist nicht die Abschaffung des Eigentums im Allgemeinen

El rasgo distintivo del comunismo no es la abolición de la propiedad, en general

aber das Unterscheidungsmerkmal des Kommunismus ist die Abschaffung des Bourgeoisie Eigentums

pero el rasgo distintivo del comunismo es la abolición de la propiedad burguesa

Aber das Privateigentum der modernen Bourgeoisie ist der letzte und vollständigste Ausdruck des Systems der Produktion und Aneignung von Produkten

Pero la propiedad privada de la burguesía moderna es la expresión última y más completa del sistema de producción y apropiación de productos

Es ist der Endzustand eines Systems, das auf Klassengegensätzen beruht, wobei der Klassenantagonismus die Ausbeutung der Vielen durch die Wenigen ist

Es el estado final de un sistema que se basa en los antagonismos de clase, donde el antagonismo de clase es la explotación de la mayoría por unos pocos

In diesem Sinne läßt sich die Theorie der Kommunisten in einem einzigen Satz zusammenfassen; die Abschaffung des Privateigentums

En este sentido, la teoría de los comunistas puede resumirse en una sola frase; la abolición de la propiedad privada

Uns Kommunisten hat man vorgeworfen, das Recht auf persönlichen Eigentumserwerb abschaffen zu wollen

A los comunistas se nos ha reprochado el deseo de abolir el derecho de adquirir personalmente la propiedad

Es wird behauptet, dass diese Eigenschaft die Frucht der eigenen Arbeit eines Menschen ist

Se afirma que esta propiedad es el fruto del propio trabajo de un hombre

Und diese Eigenschaft soll die Grundlage aller persönlichen Freiheit, Aktivität und Unabhängigkeit sein.

y se alega que esta propiedad es la base de toda libertad, actividad e independencia personal.

"Hart erkämpftes, selbst erworbenes, selbst verdientes Eigentum!"

"¡Propiedad ganada con esfuerzo, adquirida por uno mismo, ganada por uno mismo!"

Meinst du das Eigentum des kleinen Handwerkers und des Kleinbauern?

¿Te refieres a la propiedad del pequeño artesano y del pequeño campesino?

Meinen Sie eine Form des Eigentums, die der Bourgeoisie Form vorausging?

¿Te refieres a una forma de propiedad que precedió a la forma burguesa?

Es ist nicht nötig, sie abzuschaffen, die Entwicklung der Industrie hat sie zum großen Teil bereits zerstört

No hay necesidad de abolir eso, el desarrollo de la industria ya lo ha destruido en gran medida

Und die Entwicklung der Industrie zerstört sie immer noch täglich

y el desarrollo de la industria sigue destruyéndola diariamente

Oder meinen Sie das moderne Bourgeoisie Privateigentum?

¿O te refieres a la propiedad privada de la burguesía moderna?

Aber schafft die Lohnarbeit irgendein Eigentum für den Arbeiter?

Pero, ¿crea el trabajo asalariado alguna propiedad para el trabajador?

Nein, die Lohnarbeit schafft nicht ein bisschen von dieser Art von Eigentum!

¡No, el trabajo asalariado no crea ni una pizca de este tipo de propiedad!

Was Lohnarbeit schafft, ist Kapital; jene Art von Eigentum, das Lohnarbeit ausbeutet

Lo que sí crea el trabajo asalariado es capital; ese tipo de propiedad que explota el trabajo asalariado

Das Kapital kann sich nur unter der Bedingung vermehren, daß es ein neues Angebot an Lohnarbeit für neue Ausbeutung erzeugt

El capital no puede aumentar sino a condición de engendrar una nueva oferta de trabajo asalariado para una nueva explotación

Das Eigentum in seiner jetzigen Form beruht auf dem Antagonismus von Kapital und Lohnarbeit

La propiedad, en su forma actual, se basa en el antagonismo entre el capital y el trabajo asalariado

Betrachten wir beide Seiten dieses Antagonismus

Examinemos los dos lados de este antagonismo

Kapitalist zu sein bedeutet nicht nur, einen rein persönlichen Status zu haben

Ser capitalista es tener no sólo un estatus puramente personal

Stattdessen bedeutet Kapitalist zu sein auch, einen sozialen Status in der Produktion zu haben

En cambio, ser capitalista es también tener un estatus social en la producción

weil Kapital ein kollektives Produkt ist; Nur durch das gemeinsame Handeln vieler Mitglieder kann sie in Gang gesetzt werden

porque el capital es un producto colectivo; Sólo mediante la acción unida de muchos miembros puede ponerse en marcha

Aber dieses gemeinsame Handeln ist der letzte Ausweg und erfordert eigentlich alle Mitglieder der Gesellschaft

Pero esta acción unida es el último recurso, y en realidad requiere de todos los miembros de la sociedad

Das Kapital verwandelt sich in das Eigentum aller Mitglieder der Gesellschaft

El capital se convierte en propiedad de todos los miembros de la sociedad

aber das Kapital ist also keine persönliche Macht; Es ist eine gesellschaftliche Macht

pero el Capital no es, por lo tanto, un poder personal; Es un poder social

Wenn also Kapital in gesellschaftliches Eigentum umgewandelt wird, so verwandelt sich dadurch nicht persönliches Eigentum in gesellschaftliches Eigentum

Así, cuando el capital se convierte en propiedad social, la propiedad personal no se transforma en propiedad social

Nur der gesellschaftliche Charakter des Eigentums wird verändert und verliert seinen Klassencharakter

Lo único que cambia es el carácter social de la propiedad y pierde su carácter de clase

Betrachten wir nun die Lohnarbeit

Veamos ahora el trabajo asalariado

Der Durchschnittspreis der Lohnarbeit ist der Mindestlohn, d.h. das Quantum der Lebensmittel

El precio medio del trabajo asalariado es el salario mínimo, es decir, la cantidad de medios de subsistencia

Dieser Lohn ist für die bloße Existenz als Arbeiter absolut notwendig

Este salario es absolutamente necesario en la mera existencia de un obrero

Was sich also der Lohnarbeiter durch seine Arbeit aneignet, genügt nur, um ein bloßes Dasein zu verlängern und zu reproduzieren

Por lo tanto, lo que el asalariado se apropia por medio de su trabajo, sólo basta para prolongar y reproducir una existencia desnuda

Wir beabsichtigen keineswegs, diese persönliche Aneignung der Arbeitsprodukte abzuschaffen

De ninguna manera pretendemos abolir esta apropiación personal de los productos del trabajo

eine Aneignung, die für die Erhaltung und Reproduktion des menschlichen Lebens bestimmt ist

una apropiación que se hace para el mantenimiento y la reproducción de la vida humana

Eine solche persönliche Aneignung der Arbeitsprodukte lässt keinen Überschuss übrig, mit dem man die Arbeit anderer befehlen könnte

Tal apropiación personal de los productos del trabajo no deja ningún excedente con el que ordenar el trabajo de otros

Alles, was wir beseitigen wollen, ist der erbärmliche Charakter dieser Aneignung

Lo único que queremos eliminar es el carácter miserable de esta apropiación

die Aneignung, unter der der Arbeiter lebt, bloß um das Kapital zu vermehren

la apropiación bajo la cual vive el obrero sólo para aumentar el capital

Er darf nur leben, soweit es das Interesse der herrschenden Klasse erfordert

Sólo se le permite vivir en la medida en que lo exija el interés de la clase dominante

In der Bourgeoisie Gesellschaft ist die lebendige Arbeit nur ein Mittel, um die akkumulierte Arbeit zu vermehren

En la sociedad burguesa, el trabajo vivo no es más que un medio para aumentar el trabajo acumulado

In der kommunistischen Gesellschaft ist die akkumulierte Arbeit nur ein Mittel, um die Existenz des Arbeiters zu erweitern, zu bereichern und zu fördern

En la sociedad comunista, el trabajo acumulado no es más que un medio para ampliar, para enriquecer y para promover la existencia del obrero

In der Bourgeoisie Gesellschaft dominiert daher die Vergangenheit die Gegenwart

En la sociedad burguesa, por lo tanto, el pasado domina al presente

In der kommunistischen Gesellschaft dominiert die Gegenwart die Vergangenheit

en la sociedad comunista el presente domina al pasado

In der Bourgeoisie Gesellschaft ist das Kapital unabhängig und hat Individualität

En la sociedad burguesa el capital es independiente y tiene individualidad

In der Bourgeoisie Gesellschaft ist der lebende Mensch abhängig und hat keine Individualität

En la sociedad burguesa la persona viva es dependiente y no tiene individualidad

Und die Abschaffung dieses Zustandes wird von der Bourgeoisie als Abschaffung der Individualität und Freiheit bezeichnet!

¡Y la abolición de este estado de cosas es llamada por la burguesía, abolición de la individualidad y de la libertad!

Und man nennt sie mit Recht die Abschaffung von Individualität und Freiheit!

¡Y con razón se llama la abolición de la individualidad y de la libertad!

Der Kommunismus strebt die Abschaffung der Bourgeoisie Individualität an

El comunismo aspira a la abolición de la individualidad burguesa

Der Kommunismus strebt die Abschaffung der Unabhängigkeit der Bourgeoisie an

El comunismo pretende la abolición de la independencia burguesa

Die BourgeoisieFreiheit ist zweifellos das, was der Kommunismus anstrebt

La libertad burguesa es, sin duda, a lo que aspira el comunismo

**unter den gegenwärtigen Bourgeoisie
Produktionsbedingungen bedeutet Freiheit freien Handel,
freien Verkauf und freien Kauf**

en las actuales condiciones de producción de la burguesía, la
libertad significa libre comercio, libre venta y compra

**Aber wenn das Verkaufen und Kaufen verschwindet,
verschwindet auch das freie Verkaufen und Kaufen**

Pero si desaparece la venta y la compra, también desaparece la
libre venta y la compra

**"Mutige Worte" der Bourgeoisie über den freien Verkauf
und Kauf haben nur eine begrenzte Bedeutung**

Las "palabras valientes" de la burguesía sobre la libre venta y
compra sólo tienen sentido en un sentido limitado

**Diese Worte haben nur im Gegensatz zu eingeschränktem
Verkauf und Kauf eine Bedeutung**

Estas palabras tienen significado solo en contraste con la venta
y la compra restringidas

**und diese Worte haben nur dann eine Bedeutung, wenn sie
auf die gefesselten Händler des Mittelalters angewandt
werden**

y estas palabras sólo tienen sentido cuando se aplican a los
comerciantes encadenados de la Edad Media

**und das setzt voraus, dass diese Worte überhaupt eine
Bedeutung im Bourgeoisie Sinne haben**

y eso supone que estas palabras incluso tienen un significado
en un sentido burgués

**aber diese Worte haben keine Bedeutung, wenn sie
gebraucht werden, um sich gegen die kommunistische
Abschaffung des Kaufens und Verkaufens zu wehren**

pero estas palabras no tienen ningún significado cuando se
usan para oponerse a la abolición comunista de la compra y
venta

**die Worte haben keine Bedeutung, wenn sie gebraucht
werden, um sich gegen die Abschaffung der Bourgeoisie
Produktionsbedingungen zu wehren**

las palabras no tienen sentido cuando se usan para oponerse a
la abolición de las condiciones de producción de la burguesía
**und sie haben keine Bedeutung, wenn sie benutzt werden,
um sich gegen die Abschaffung der Bourgeoisie selbst zu
wehren**
y no tienen ningún sentido cuando se utilizan para oponerse a
la abolición de la propia burguesía
**Sie sind entsetzt über unsere Absicht, das Privateigentum
abzuschaffen**
Ustedes están horrorizados de nuestra intención de acabar con
la propiedad privada
**Aber in eurer jetzigen Gesellschaft ist das Privateigentum
für neun Zehntel der Bevölkerung bereits abgeschafft**
Pero en la sociedad actual, la propiedad privada ya ha sido
eliminada para las nueve décimas partes de la población
**Die Existenz des Privateigentums für einige wenige beruht
einzig und allein darauf, dass es in den Händen von neun
Zehnteln der Bevölkerung nicht existiert**
La existencia de la propiedad privada para unos pocos se debe
únicamente a su inexistencia en manos de las nueve décimas
partes de la población
**Sie werfen uns also vor, daß wir eine Form des Eigentums
abschaffen wollen**
Por lo tanto, nos reprochas que pretendamos acabar con una
forma de propiedad
**Aber das Privateigentum erfordert für die ungeheure
Mehrheit der Gesellschaft die Nichtexistenz jeglichen
Eigentums**
Pero la propiedad privada requiere la inexistencia de
propiedad alguna para la inmensa mayoría de la sociedad
**Mit einem Wort, Sie werfen uns vor, daß wir Ihr Eigentum
beseitigen wollen**
En una palabra, nos reprochas que pretendamos acabar con tu
propiedad
**Und genau so ist es; Ihr Eigentum abzuschaffen, ist genau
das, was wir beabsichtigen**

Y es precisamente así; prescindir de su propiedad es justo lo que pretendemos

Von dem Augenblick an, wo die Arbeit nicht mehr in Kapital, Geld oder Rente verwandelt werden kann

Desde el momento en que el trabajo ya no puede convertirse en capital, dinero o renta

wenn die Arbeit nicht mehr in eine gesellschaftliche Macht umgewandelt werden kann, die monopolisiert werden kann

cuando el trabajo ya no puede convertirse en un poder social capaz de ser monopolizado

von dem Augenblick an, wo das individuelle Eigentum nicht mehr in Bourgeoisie Eigentum verwandelt werden kann

desde el momento en que la propiedad individual ya no puede transformarse en propiedad burguesa

von dem Augenblick an, wo das individuelle Eigentum nicht mehr in Kapital verwandelt werden kann

desde el momento en que la propiedad individual ya no puede transformarse en capital

Von diesem Moment an sagst du, dass die Individualität verschwindet

A partir de ese momento, dices que la individualidad se desvanece

Sie müssen also gestehen, daß Sie mit »Individuum« keine andere Person meinen als die Bourgeoisie

Debéis confesar, pues, que por "individuo" no os referimos a otra persona que a la burguesía

Sie müssen zugeben, dass es sich speziell auf den Bourgeoisie Eigentümer von Immobilien bezieht

Debes confesar que se refiere específicamente al propietario de una propiedad de clase media

Diese Person muss in der Tat aus dem Weg geräumt und unmöglich gemacht werden

Esta persona debe, en verdad, ser barrida del camino, y hecha imposible

Der Kommunismus beraubt niemanden der Macht, sich die Produkte der Gesellschaft anzueignen

El comunismo no priva a ningún hombre del poder de apropiarse de los productos de la sociedad

Alles, was der Kommunismus tut, ist, ihm die Macht zu nehmen, die Arbeit anderer durch eine solche Aneignung zu unterjochen

todo lo que hace el comunismo es privarlo del poder de subyugar el trabajo de otros por medio de tal apropiación

Man hat eingewendet, daß mit der Abschaffung des Privateigentums alle Arbeit aufhören werde

Se ha objetado que, tras la abolición de la propiedad privada, cesará todo trabajo

Und dann wird suggeriert, dass uns die universelle Faulheit überwältigen wird

y entonces se sugiere que la pereza universal se apoderará de nosotros

Demnach hätte die BourgeoisieGesellschaft schon längst vor lauter Müßiggang vor die Hunde gehen müssen

De acuerdo con esto, la sociedad burguesa debería haber ido hace mucho tiempo a los perros por pura ociosidad

denn diejenigen ihrer Mitglieder, die arbeiten, erwerben nichts

porque los de sus miembros que trabajan, no adquieren nada

und diejenigen von ihren Mitgliedern, die etwas erwerben, arbeiten nicht

y los de sus miembros que adquieren algo, no trabajan

Der ganze Einwand ist nur ein weiterer Ausdruck der Tautologie

Toda esta objeción no es más que otra expresión de la tautología

Es kann keine Lohnarbeit mehr geben, wenn es kein Kapital mehr gibt

Ya no puede haber trabajo asalariado cuando ya no hay capital

Es gibt keinen Unterschied zwischen materiellen und mentalen Produkten

No hay diferencia entre los productos materiales y los productos mentales

Der Kommunismus schlägt vor, dass beides auf die gleiche Weise produziert wird

El comunismo propone que ambos se producen de la misma manera

aber die Einwände gegen die kommunistischen Produktionsweisen sind dieselben

pero las objeciones contra los modos comunistas de producirlos son las mismas

Für die Bourgeoisie ist das Verschwinden des Klasseneigentums das Verschwinden der Produktion selbst

para la burguesía, la desaparición de la propiedad de clase es la desaparición de la producción misma

So ist für ihn das Verschwinden der Klassenkultur identisch mit dem Verschwinden aller Kultur

De modo que la desaparición de la cultura de clase es para él idéntica a la desaparición de toda cultura

Diese Kultur, deren Verlust er beklagt, ist für die überwiegende Mehrheit ein bloßes Training, um als Maschine zu agieren

Esa cultura, cuya pérdida lamenta, es para la inmensa mayoría un mero entrenamiento para actuar como una máquina

Die Kommunisten haben die Absicht, die Kultur des Bourgeoisie Eigentums abzuschaffen

Los comunistas tienen la firme intención de abolir la cultura de la propiedad burguesa

Aber zankt euch nicht mit uns, solange ihr den Maßstab eurer Bourgeoisie Vorstellungen von Freiheit, Kultur, Recht usw. anlegt

Pero no discutan con nosotros mientras apliquen el estándar de sus nociones burguesas de libertad, cultura, ley, etc

Eure Ideen selbst sind nur die Auswüchse der Bedingungen eurer Bourgeoisie Produktion und eures Bourgeoisie Eigentums

Vuestras mismas ideas no son más que el resultado de las condiciones de la producción burguesa y de la propiedad burguesa

so wie eure Jurisprudenz nichts anderes ist als der Wille eurer Klasse, der zum Gesetz für alle gemacht wurde

del mismo modo que vuestra jurisprudencia no es más que la voluntad de vuestra clase convertida en ley para todos

Der wesentliche Charakter und die Richtung dieses Willens werden durch die ökonomischen Bedingungen bestimmt, die Ihre soziale Klasse schafft

El carácter esencial y la dirección de esta voluntad están determinados por las condiciones económicas que crea su clase social

Der selbstsüchtige Irrtum, der dich veranlaßt, soziale Formen in ewige Gesetze der Natur und der Vernunft zu verwandeln

El concepto erróneo egoísta que te induce a transformar las formas sociales en leyes eternas de la naturaleza y de la razón

die gesellschaftlichen Formen, die aus eurer gegenwärtigen Produktionsweise und Eigentumsform entspringen

las formas sociales que brotan de vuestro actual modo de producción y de vuestra forma de propiedad

historische Beziehungen, die im Fortschritt der Produktion auf- und verschwinden

relaciones históricas que surgen y desaparecen en el progreso de la producción

Dieses Missverständnis teilt ihr mit jeder herrschenden Klasse, die euch vorausgegangen ist

Este concepto erróneo lo compartes con todas las clases dominantes que te han precedido

Was Sie bei antikem Eigentum klar sehen, was Sie bei feudalem Eigentum zugeben

Lo que se ve claramente en el caso de la propiedad antigua, lo que se admite en el caso de la propiedad feudal

diese Dinge dürfen Sie natürlich nicht zugeben, wenn es sich um Ihre eigene BourgeoisieEigentumsform handelt

estas cosas, por supuesto, le está prohibido admitir en el caso de su propia forma burguesa de propiedad

Abschaffung der Familie! Selbst die Radikalsten entrüsten sich über diesen infamen Vorschlag der Kommunisten

¡Abolición de la familia! Hasta los más radicales estallan ante esta infame propuesta de los comunistas

Auf welcher Grundlage beruht die heutige Familie, die BourgeoisieFamilie?

¿Sobre qué base se asienta la familia actual, la familia Bourgeoisie?

Die Gründung der heutigen Familie beruht auf Kapital und privatem Gewinn

La base de la familia actual se basa en el capital y la ganancia privada

In ihrer voll entwickelten Form existiert diese Familie nur unter der Bourgeoisie

En su forma completamente desarrollada, esta familia sólo existe entre la burguesía

Dieser Zustand der Dinge findet seine Ergänzung in der praktischen Abwesenheit der Familie bei den Proletariern

Este estado de cosas encuentra su complemento en la ausencia práctica de la familia entre los proletarios

Dieser Zustand ist in der öffentlichen Prostitution zu finden

Este estado de cosas se puede encontrar en la prostitución pública

Die BourgeoisieFamilie wird wie selbstverständlich verschwinden, wenn ihr Komplement verschwindet

La familia Bourgeoisie se desvanecerá como algo natural cuando su complemento se desvanezca

Und beides wird mit dem Verschwinden des Kapitals verschwinden

y ambos se desvanecerán con la desaparición del capital

Werfen Sie uns vor, dass wir die Ausbeutung von Kindern durch ihre Eltern stoppen wollen?

¿Nos acusan de querer detener la explotación de los niños por parte de sus padres?

Diesem Verbrechen bekennen wir uns schuldig
De este crimen nos declaramos culpables
Aber, werden Sie sagen, wir zerstören die heiligsten Beziehungen, wenn wir die häusliche Erziehung durch die soziale Erziehung ersetzen
Pero, dirás, destruimos la más sagrada de las relaciones, cuando reemplazamos la educación en el hogar por la educación social
Ist Ihre Erziehung nicht auch sozial? Und wird sie nicht von den gesellschaftlichen Bedingungen bestimmt, unter denen man erzieht?
¿No es también social su educación? ¿Y no está determinado por las condiciones sociales en las que se educa?
durch direkte oder indirekte Eingriffe in die Gesellschaft, durch Schulen usw.
por la intervención, directa o indirecta, de la sociedad, por medio de las escuelas, etc.
Die Kommunisten haben die Einmischung der Gesellschaft in die Erziehung nicht erfunden
Los comunistas no han inventado la intervención de la sociedad en la educación
Sie versuchen lediglich, den Charakter dieses Eingriffs zu ändern
lo único que pretenden es alterar el carácter de esa intervención
Und sie versuchen, das Bildungswesen vor dem Einfluss der herrschenden Klasse zu retten
y buscan rescatar la educación de la influencia de la clase dominante
Die Bourgeoisie spricht von der geheiligten Beziehung von Eltern und Kind
La burguesía habla de la sagrada correlación entre padres e hijos
aber dieses Geschwätz über die Familie und die Erziehung wird um so widerwärtiger, wenn wir die moderne Industrie betrachten

pero esta trampa sobre la familia y la educación se vuelve aún
más repugnante cuando miramos a la industria moderna

**Alle Familienbande unter den Proletariern werden durch die
moderne Industrie zerrissen**

Todos los lazos familiares entre los proletarios son
desgarrados por la industria moderna

**ihre Kinder werden zu einfachen Handelsartikeln und
Arbeitsinstrumenten**

Sus hijos se transforman en simples artículos de comercio e
instrumentos de trabajo

**Aber ihr Kommunisten würdet eine Gemeinschaft von
Frauen schaffen, schreit die ganze Bourgeoisie im Chor**

Pero vosotros, los comunistas, creáis una comunidad de
mujeres, grita a coro toda la burguesía

**Die Bourgeoisie sieht in seiner Frau ein bloßes
Produktionsinstrument**

La burguesía ve en su mujer un mero instrumento de
producción

**Er hört, dass die Produktionsmittel von allen ausgebeutet
werden sollen**

Oye que los instrumentos de producción deben ser explotados
por todos

**Und natürlich kann er zu keinem anderen Schluß kommen,
als daß das Los, allen gemeinsam zu sein, auch den Frauen
zufallen wird**

Y, naturalmente, no puede llegar a otra conclusión que la de
que la suerte de ser común a todos recaerá igualmente en las
mujeres

**Er hat nicht einmal den geringsten Verdacht, dass es in
Wirklichkeit darum geht, die Stellung der Frau als bloße
Produktionsinstrumente abzuschaffen**

Ni siquiera sospecha que el verdadero objetivo es acabar con
la condición de la mujer como meros instrumentos de
producción

Im übrigen ist nichts lächerlicher als die tugendhafte
Empörung unserer Bourgeoisie über die Gemeinschaft der
Frauen
Por lo demás, nada es más ridículo que la virtuosa indignación
de nuestra burguesía contra la comunidad de mujeres
sie tun so, als ob sie von den Kommunisten offen und
offiziell eingeführt werden sollte
pretenden que sea abierta y oficialmente establecida por los
comunistas
Die Kommunisten haben es nicht nötig, die Gemeinschaft
der Frauen einzuführen, sie existiert fast seit undenklichen
Zeiten
Los comunistas no tienen necesidad de introducir la
comunidad de mujeres, ha existido casi desde tiempos
inmemoriales
Unsere Bourgeoisie begnügt sich nicht damit, die Frauen
und Töchter ihrer Proletarier zur Verfügung zu haben
Nuestra burguesía no se contenta con tener a su disposición a
las mujeres e hijas de sus proletarios
Sie haben das größte Vergnügen daran, ihre Frauen
gegenseitig zu verführen
Tienen el mayor placer en seducir a las esposas de los demás
Und das ist noch nicht einmal von gewöhnlichen
Prostituierten zu sprechen
Y eso sin hablar de las prostitutas comunes
Die BourgeoisieEhe ist in Wirklichkeit ein System
gemeinsamer Ehefrauen
El matrimonio burgués es en realidad un sistema de esposas
en común
dann gibt es eine Sache, die man den Kommunisten
vielleicht vorwerfen könnte
entonces hay una cosa que se podría reprochar a los
comunistas
Sie wollen eine offen legalisierte Gemeinschaft von Frauen
einführen

Desean introducir una comunidad de mujeres abiertamente
legalizada
statt einer heuchlerisch verhüllten Gemeinschaft von Frauen
en lugar de una comunidad de mujeres hipócritamente oculta
**Die Gemeinschaft der Frauen, die aus dem
Produktionssystem hervorgegangen ist**
la comunidad de mujeres que surgen del sistema de
producción
**Schafft das Produktionssystem ab, und ihr schafft die
Gemeinschaft der Frauen ab**
abolid el sistema de producción y abolid la comunidad de
mujeres
**Sowohl die öffentliche Prostitution als auch die private
Prostitution wird abgeschafft**
Se suprime la prostitución pública y la prostitución privada
**Den Kommunisten wird noch dazu vorgeworfen, sie wollten
Länder und Nationalitäten abschaffen**
A los comunistas se les reprocha, además, que desean abolir
los países y las nacionalidades
**Die Arbeiter haben kein Vaterland, also können wir ihnen
nicht nehmen, was sie nicht haben**
Los trabajadores no tienen patria, así que no podemos
quitarles lo que no tienen
**Das Proletariat muss vor allem die politische Herrschaft
erlangen**
El proletariado debe, ante todo, adquirir la supremacía política
**Das Proletariat muss sich zur führenden Klasse der Nation
erheben**
El proletariado debe elevarse para ser la clase dirigente de la
nación
Das Proletariat muss sich zur Nation konstituieren
El proletariado debe constituirse en la nación
**sie ist bis jetzt selbst national, wenn auch nicht im
Bourgeoisie Sinne des Wortes**
es, hasta ahora, nacional, aunque no en el sentido burgués de
la palabra

Nationale Unterschiede und Gegensätze zwischen den Völkern verschwinden täglich mehr und mehr

Las diferencias nacionales y los antagonismos entre los pueblos desaparecen cada día más

der Entwicklung der Bourgeoisie, der Freiheit des Handels, des Weltmarktes

debido al desarrollo de la burguesía, a la libertad de comercio, al mercado mundial

zur Gleichförmigkeit der Produktionsweise und der ihr entsprechenden Lebensbedingungen

a la uniformidad en el modo de producción y en las condiciones de vida correspondientes

Die Herrschaft des Proletariats wird sie noch schneller verschwinden lassen

La supremacía del proletariado hará que desaparezcan aún más rápidamente

Die einheitliche Aktion, wenigstens der führenden zivilisierten Länder, ist eine der ersten Bedingungen für die Befreiung des Proletariats

La acción unida, al menos de los principales países civilizados, es una de las primeras condiciones para la emancipación del proletariado

In dem Maße, wie der Ausbeutung eines Individuums durch ein anderes ein Ende gesetzt wird, wird auch der Ausbeutung einer Nation durch eine andere ein Ende gesetzt.

En la medida en que se ponga fin a la explotación de un individuo por otro, también se pondrá fin a la explotación de una nación por otra.

In dem Maße, wie der Antagonismus zwischen den Klassen innerhalb der Nation verschwindet, wird die Feindschaft einer Nation gegen die andere ein Ende haben

A medida que desaparezca el antagonismo entre las clases dentro de la nación, la hostilidad de una nación hacia otra llegará a su fin

Die Anschuldigungen gegen den Kommunismus, die von einem religiösen, philosophischen und allgemein von einem ideologischen Standpunkt aus erhoben werden, verdienen keine ernsthafte Prüfung

Las acusaciones contra el comunismo hechas desde un punto de vista religioso, filosófico y, en general, ideológico, no merecen un examen serio

Braucht es eine tiefe Intuition, um zu begreifen, dass sich die Ideen, Ansichten und Vorstellungen des Menschen mit jeder Veränderung der Bedingungen seiner materiellen Existenz ändern?

¿Se requiere una intuición profunda para comprender que las ideas, puntos de vista y concepciones del hombre cambian con cada cambio en las condiciones de su existencia material?

Ist es nicht offensichtlich, dass das Bewusstsein des Menschen sich Verändert, wenn seine sozialen Beziehungen und sein soziales Leben ändern?

¿No es obvio que la conciencia del hombre cambia cuando cambian sus relaciones sociales y su vida social?

Was beweist die Ideengeschichte anderes, als daß die geistige Produktion ihren Charakter in dem Maße ändert, wie die materielle Produktion verändert wird?

¿Qué otra cosa prueba la historia de las ideas sino que la producción intelectual cambia de carácter a medida que cambia la producción material?

Die herrschenden Ideen eines jeden Zeitalters waren immer die Ideen seiner herrschenden Klasse

Las ideas dominantes de cada época han sido siempre las ideas de su clase dominante

Wenn Menschen von Ideen sprechen, die die Gesellschaft revolutionieren, drücken sie nur eine Tatsache aus

Cuando se habla de ideas que revolucionan la sociedad, no hace más que expresar un hecho

Innerhalb der alten Gesellschaft wurden die Elemente einer neuen geschaffen

Dentro de la vieja sociedad, se han creado los elementos de una nueva

und daß die Auflösung der alten Ideen mit der Auflösung der alten Daseinsverhältnisse Schritt hält

y que la disolución de las viejas ideas sigue el mismo ritmo que la disolución de las viejas condiciones de existencia

Als die Antike in den letzten Zügen lag, wurden die alten Religionen vom Christentum überwunden

Cuando el mundo antiguo estaba en sus últimos estertores, las religiones antiguas fueron vencidas por el cristianismo

Als die christlichen Ideen im 18. Jahrhundert den rationalistischen Ideen erlagen, kämpfte die feudale Gesellschaft ihren Todeskampf mit der damals revolutionären Bourgeoisie

Cuando las ideas cristianas sucumbieron en el siglo XVIII a las ideas racionalistas, la sociedad feudal libró su batalla a muerte contra la burguesía revolucionaria de entonces

Die Ideen der Religions- und Gewissensfreiheit brachten lediglich die Herrschaft des freien Wettbewerbs auf dem Gebiet des Wissens zum Ausdruck

Las ideas de la libertad religiosa y de la libertad de conciencia no hacían más que expresar el dominio de la libre competencia en el dominio del conocimiento

"Zweifellos", wird man sagen, "sind religiöse, moralische, philosophische und juristische Ideen im Laufe der geschichtlichen Entwicklung modifiziert worden"

"Indudablemente", se dirá, "las ideas religiosas, morales, filosóficas y jurídicas se han modificado en el curso del desarrollo histórico"

"Aber Religion, Moralphilosophie, Politikwissenschaft und Recht überlebten diesen Wandel ständig."

"Pero la religión, la filosofía de la moral, la ciencia política y el derecho, sobrevivieron constantemente a este cambio"

"Es gibt auch ewige Wahrheiten, wie Freiheit, Gerechtigkeit usw."

"También hay verdades eternas, como la Libertad, la Justicia, etc."

"Diese ewigen Wahrheiten sind allen Zuständen der Gesellschaft gemeinsam"

"Estas verdades eternas son comunes a todos los estados de la sociedad"

"Aber der Kommunismus schafft die ewigen Wahrheiten ab, er schafft alle Religion und alle Moral ab."

"Pero el comunismo suprime las verdades eternas, suprime toda religión y toda moral"

"Sie tut dies, anstatt sie auf einer neuen Grundlage zu konstituieren"

"Lo hace en lugar de constituirlos sobre una nueva base"

"Sie handelt daher im Widerspruch zu allen bisherigen historischen Erfahrungen"

"Por lo tanto, actúa en contradicción con toda la experiencia histórica pasada"

Worauf reduziert sich dieser Vorwurf?

¿A qué se reduce esta acusación?

Die Geschichte aller vergangenen Gesellschaften hat in der Entwicklung von Klassengegensätzen bestanden

La historia de toda la sociedad pasada ha consistido en el desarrollo de antagonismos de clase

Antagonismen, die in verschiedenen Epochen unterschiedliche Formen annahmen

antagonismos que asumieron diferentes formas en diferentes épocas

Aber welche Form sie auch immer angenommen haben mögen, eine Tatsache ist allen vergangenen Zeitaltern gemeinsam

Pero cualquiera que sea la forma que hayan tomado, un hecho es común a todas las épocas pasadas

die Ausbeutung eines Teils der Gesellschaft durch den anderen

la explotación de una parte de la sociedad por la otra

Kein Wunder also, dass sich das gesellschaftliche Bewußtsein vergangener Zeiten innerhalb gewisser allgemeiner Formen oder allgemeiner Vorstellungen bewegt

No es de extrañar, pues, que la conciencia social de épocas pasadas se mueva dentro de ciertas formas comunes o ideas generales

(und das trotz aller Vielfalt und Vielfalt, die es zeigt)

(y eso a pesar de toda la multiplicidad y variedad que muestra)

Und diese können nur mit dem gänzlichen Verschwinden der Klassengegensätze völlig verschwinden

y éstos no pueden desaparecer por completo sino con la desaparición total de los antagonismos de clase

Die kommunistische Revolution ist der radikalste Bruch mit den traditionellen Eigentumsverhältnissen

La revolución comunista es la ruptura más radical con las relaciones tradicionales de propiedad

Kein Wunder, dass ihre Entwicklung den radikalsten Bruch mit den traditionellen Vorstellungen mit sich bringt

No es de extrañar que su desarrollo implique la ruptura más radical con las ideas tradicionales

Aber lassen wir die Einwände der Bourgeoisie gegen den Kommunismus hinter uns

Pero dejemos de lado las objeciones de la burguesía al comunismo

Wir haben oben den ersten Schritt der Arbeiterklasse in der Revolution gesehen

Hemos visto más arriba el primer paso de la revolución de la clase obrera

Das Proletariat muss zur Herrschaft erhoben werden, um den Kampf der Demokratie zu gewinnen

Hay que elevar al proletariado a la posición de gobernante, para ganar la batalla de la democracia

Das Proletariat wird seine politische Vorherrschaft benutzen, um der Bourgeoisie nach und nach alles Kapital zu entreißen

El proletariado utilizará su supremacía política para arrebatar, poco a poco, todo el capital a la burguesía

sie wird alle Produktionsmittel in den Händen des Staates zentralisieren

centralizará todos los instrumentos de producción en manos del Estado

Mit anderen Worten, das Proletariat organisierte sich als herrschende Klasse

En otras palabras, el proletariado organizado como clase dominante

Und sie wird die Summe der Produktivkräfte so schnell wie möglich vermehren

y aumentará el total de las fuerzas productivas lo más rápidamente posible

Natürlich kann dies anfangs nur durch despotische Eingriffe in die Eigentumsrechte geschehen

Por supuesto, al principio, esto no puede llevarse a cabo sino por medio de incursiones despóticas en los derechos de propiedad

und sie muss unter den Bedingungen der Bourgeoisie Produktion erreicht werden

y tiene que lograrse en las condiciones de la producción burguesa

Sie wird also durch Maßnahmen erreicht, die wirtschaftlich unzureichend und unhaltbar erscheinen

Por lo tanto, se logra mediante medidas que parecen económicamente insuficientes e insostenibles

aber diese Mittel überflügeln sich im Laufe der Bewegung selbst

pero estos medios, en el curso del movimiento, se superan a sí mismos

sie erfordern weitere Eingriffe in die alte Gesellschaftsordnung

Requieren nuevas incursiones en el viejo orden social

und sie sind unvermeidlich, um die Produktionsweise völlig zu revolutionieren

y son ineludibles como medio de revolucionar por completo el modo de producción

Diese Maßnahmen werden natürlich in den verschiedenen Ländern unterschiedlich sein

Por supuesto, estas medidas serán diferentes en los distintos países

Nichtsdestotrotz wird in den am weitesten fortgeschrittenen Ländern das Folgende ziemlich allgemein anwendbar sein

Sin embargo, en los países más avanzados, lo siguiente será de aplicación bastante general

1. Abschaffung des Grundeigentums und Verwendung aller Grundrenten für öffentliche Zwecke.

1. Abolición de la propiedad de la tierra y aplicación de todas las rentas de la tierra a fines públicos.

2. Eine hohe progressive oder abgestufte Einkommensteuer.

2. Un fuerte impuesto progresivo o gradual sobre la renta.

3. Abschaffung jeglichen Erbrechts.

3. Abolición de todo derecho de herencia.

4. Konfiskation des Eigentums aller Emigranten und Rebellen.

4. Confiscación de los bienes de todos los emigrantes y rebeldes.

5. Zentralisierung des Kredits in den Händen des Staates durch eine Nationalbank mit staatlichem Kapital und ausschließlichem Monopol.

5. Centralización del crédito en manos del Estado, por medio de un banco nacional de capital estatal y monopolio exclusivo.

6. Zentralisierung der Kommunikations- und Transportmittel in den Händen des Staates.

6. Centralización de los medios de comunicación y transporte en manos del Estado.

7. Ausbau der Fabriken und Produktionsmittel im Eigentum des Staates

7. Ampliación de fábricas e instrumentos de producción propiedad del Estado

die Kultivierung von Ödland und die Verbesserung des
Bodens überhaupt nach einem gemeinsamen Plan.

la puesta en cultivo de tierras baldías y el mejoramiento del
suelo en general de acuerdo con un plan común.

8. Gleiche Haftung aller für die Arbeit

8. Igual responsabilidad de todos hacia el trabajo

**Aufbau von Industriearmeen, vor allem für die
Landwirtschaft.**

Establecimiento de ejércitos industriales, especialmente para la
agricultura.

**9. Kombination der Landwirtschaft mit dem verarbeitenden
Gewerbe**

9. Combinación de la agricultura con las industrias
manufactureras

**allmähliche Aufhebung der Unterscheidung zwischen Stadt
und Land durch eine gleichmäßigere Verteilung der
Bevölkerung über das Land.**

Abolición gradual de la distinción entre la ciudad y el campo,
por una distribución más equitativa de la población en todo el
país.

**10. Kostenlose Bildung für alle Kinder in öffentlichen
Schulen.**

10. Educación gratuita para todos los niños en las escuelas
públicas.

Abschaffung der Kinderfabrikarbeit in ihrer jetzigen Form

Abolición del trabajo infantil en las fábricas en su forma actual

Kombination von Bildung und industrieller Produktion

Combinación de la educación con la producción industrial

**Wenn im Laufe der Entwicklung die Klassenunterschiede
verschwunden sind**

Cuando, en el curso del desarrollo, las distinciones de clase
han desaparecido

**und wenn die ganze Produktion in den Händen einer
ungeheuren Assoziation der ganzen Nation konzentriert ist**

y cuando toda la producción se ha concentrado en manos de
una vasta asociación de toda la nación

dann verliert die Staatsgewalt ihren politischen Charakter

entonces el poder público perderá su carácter político

Politische Macht, eigentlich so genannt, ist nichts anderes als die organisierte Macht einer Klasse, um eine andere zu unterdrücken

El poder político, propiamente dicho, no es más que el poder organizado de una clase para oprimir a otra

Wenn das Proletariat in seinem Kampf mit der Bourgeoisie durch die Gewalt der Umstände gezwungen ist, sich als Klasse zu organisieren

Si el proletariado, en su lucha contra la burguesía, se ve obligado, por la fuerza de las circunstancias, a organizarse como clase

wenn sie sich durch eine Revolution zur herrschenden Klasse macht

si, por medio de una revolución, se convierte en la clase dominante

und als solche fegt sie mit Gewalt die alten Produktionsbedingungen hinweg

y, como tal, barre por la fuerza las viejas condiciones de producción

dann wird sie mit diesen Bedingungen auch die Bedingungen für die Existenz der Klassengegensätze und der Klassen überhaupt hinweggefegt haben

entonces, junto con estas condiciones, habrá barrido las condiciones para la existencia de los antagonismos de clase y de las clases en general

und wird damit seine eigene Vorherrschaft als Klasse aufgehoben haben.

y con ello habrá abolido su propia supremacía como clase.

An die Stelle der alten Bourgeoisie Gesellschaft mit ihren Klassen und Klassengegensätzen treten eine Assoziation

En lugar de la vieja sociedad burguesa, con sus clases y sus antagonismos de clase, tendremos una asociación

eine Assoziation, in der die freie Entwicklung eines jeden die Bedingung für die freie Entwicklung aller ist

una asociación en la que el libre desarrollo de cada uno sea la
condición para el libre desarrollo de todos

1) Reaktionärer Sozialismus
1) Socialismo reaccionario

a) Feudaler Sozialismus
a) Socialismo feudal

Die Aristokratien Frankreichs und Englands hatten eine einzigartige historische Stellung
las aristocracias de Francia e Inglaterra tenían una posición histórica única

es wurde zu ihrer Berufung, Pamphlete gegen die moderne Boureoisie Gesellschaft zu schreiben
se convirtió en su vocación escribir panfletos contra la sociedad burguesa moderna

In der französischen Revolution vom Juli 1830 und in der englischen Reformagitation
En la Revolución Francesa de julio de 1830 y en la agitación reformista inglesa

Diese Aristokratien erlagen wieder dem hasserfüllten Emporkömmling
Estas aristocracias sucumbieron de nuevo ante el odioso advenedizo

An eine ernsthafte politische Auseinandersetzung war fortan nicht mehr zu denken
A partir de entonces, una contienda política seria quedó totalmente fuera de discusión

Alles, was möglich blieb, war eine literarische Schlacht, keine wirkliche Schlacht
Todo lo que quedaba posible era una batalla literaria, no una batalla real

Aber auch auf dem Gebiet der Literatur waren die alten Schreie der Restaurationszeit unmöglich geworden
Pero incluso en el dominio de la literatura, los viejos gritos del período de la restauración se habían vuelto imposibles

Um Sympathie zu erregen, mußte die Aristokratie offenbar ihre eigenen Interessen aus den Augen verlieren

Para despertar simpatías, la aristocracia se vio obligada a
perder de vista, aparentemente, sus propios intereses

**und sie waren gezwungen, ihre Anklage gegen die
Bourgeoisie im Interesse der ausgebeuteten Arbeiterklasse
zu formulieren**

y se vieron obligados a formular su acusación contra la
burguesía en interés de la clase obrera explotada

**So rächte sich die Aristokratie, indem sie ihren neuen Herrn
verspottete**

Así, la aristocracia se vengó cantando sátiras a su nuevo amo

**Und sie rächten sich, indem sie ihm unheimliche
Prophezeiungen über die kommende Katastrophe ins Ohr
flüsterten**

y se vengaron susurrándole al oído siniestras profecías de
catástrofe venidera

So entstand der feudale Sozialismus: halb Klage, halb Spott

De esta manera surgió el socialismo feudal: mitad
lamentación, mitad sátira

**Es klang halb wie ein Echo der Vergangenheit und
projizierte halb die Bedrohung der Zukunft**

Sonaba como medio eco del pasado y proyectaba mitad
amenaza del futuro

**zuweilen traf sie durch ihre bittere, geistreiche und scharfe
Kritik die Bourgeoisie bis ins Mark**

a veces, con su crítica amarga, ingeniosa e incisiva, golpeó a la
burguesía hasta la médula

**aber es war immer lächerlich in seiner Wirkung, weil es
völlig unfähig war, den Gang der neueren Geschichte zu
begreifen**

pero siempre fue ridículo en su efecto, por su total
incapacidad para comprender la marcha de la historia
moderna

**Die Aristokratie schwenkte, um das Volk um sich zu
scharen, den proletarischen Almosensack als Banner**

La aristocracia, con el fin de atraer al pueblo hacia ellos,
agitaba la bolsa de limosnas proletaria delante como una
bandera

**Aber das Volk, so oft es sich zu ihnen gesellte, sah auf
seinem Hinterteil die alten Feudalwappen**

Pero el pueblo, tan a menudo como se unía a ellos, veía en sus
cuartos traseros los antiguos escudos de armas feudales

Und sie verließen mit lautem und respektlosem Gelächter

y desertaron con carcajadas ruidosas e irreverentes

**Ein Teil der französischen Legitimisten und des "jungen
Englands" zeigte dieses Schauspiel**

Un sector de los legitimistas franceses y de la "Joven
Inglaterra" exhibió este espectáculo

**die Feudalisten wiesen darauf hin, dass ihre
Ausbeutungsweise eine andere sei als die der Bourgeoisie**

los feudales señalaban que su modo de explotación era
diferente al de la burguesía

**Die Feudalisten vergessen, dass sie unter ganz anderen
Umständen und Bedingungen ausgebeutet haben**

Los feudales olvidan que explotaron en circunstancias y
condiciones muy diferentes

**Und sie haben nicht bemerkt, dass solche Methoden der
Ausbeutung heute veraltet sind**

Y no se dieron cuenta de que tales métodos de explotación
ahora son anticuados

**Sie zeigten, dass unter ihrer Herrschaft das moderne
Proletariat nie existiert hat**

demostraron que, bajo su gobierno, el proletariado moderno
nunca existió

**aber sie vergessen, daß die moderne Bourgeoisie der
notwendige Sprößling ihrer eigenen Gesellschaftsform ist**

pero olvidan que la burguesía moderna es el vástago necesario
de su propia forma de sociedad

**Im übrigen verbergen sie kaum den reaktionären Charakter
ihrer Kritik**

Por lo demás, apenas ocultan el carácter reaccionario de su
crítica
ihre Hauptanklage gegen die Bourgeoisie läuft auf
folgendes hinaus
su principal acusación contra la burguesía es la siguiente
unter dem Boureoisie Regime entwickelt sich eine soziale
Klasse
bajo el régimen de la burguesía se está desarrollando una clase
social
Diese soziale Klasse ist dazu bestimmt, die alte
Gesellschaftsordnung an der Wurzel zu zerschneiden
Esta clase social está destinada a cortar de raíz el viejo orden
de la sociedad
Womit sie die Bourgeoisie aufpeppen, ist nicht so sehr, dass
sie ein Proletariat schafft
Lo que reprochan a la burguesía no es tanto que cree un
proletariado
womit sie die Bourgeoisie aufpeppen, ist mehr, dass sie ein
revolutionäres Proletariat schafft
lo que reprochan a la burguesía es más bien que crea un
proletariado revolucionario
In der politischen Praxis beteiligen sie sich daher an allen
Zwangsmaßnahmen gegen die Arbeiterklasse
En la práctica política, por lo tanto, se unen a todas las
medidas coercitivas contra la clase obrera
Und im gewöhnlichen Leben bücken sie sich, trotz ihrer
hochtrabenden Phrasen, um die goldenen Äpfel
aufzuheben, die vom Baum der Industrie fallen gelassen
wurden
Y en la vida ordinaria, a pesar de sus frases altisonantes, se
inclinan a recoger las manzanas de oro que caen del árbol de
la industria
Und sie tauschen Wahrheit, Liebe und Ehre gegen den
Handel mit Wolle, Rote-Bete-Zucker und Kartoffelbränden
y trocan la verdad, el amor y el honor por el comercio de lana,
azúcar de remolacha y aguardiente de patata

Wie der Pfarrer immer Hand in Hand mit dem Gutsherrn gegangen ist, so ist es der klerikale Sozialismus mit dem feudalen Sozialismus getan

Así como el párroco ha ido siempre de la mano con el terrateniente, así también lo ha hecho el socialismo clerical con el socialismo feudal

Nichts ist leichter, als der christlichen Askese einen sozialistischen Anstrich zu geben

Nada es más fácil que dar al ascetismo cristiano un tinte socialista

Hat nicht das Christentum gegen das Privateigentum, gegen die Ehe, gegen den Staat deklamiert?

¿No ha declamado el cristianismo contra la propiedad privada, contra el matrimonio, contra el Estado?

Hat das Christentum nicht an die Stelle dieser Nächstenliebe und Armut getreten?

¿No ha predicado el cristianismo en lugar de estos, la caridad y la pobreza?

Predigt das Christentum nicht den Zölibat und die Abtötung des Fleisches, das monastische Leben und die Mutter Kirche?

¿Acaso el cristianismo no predica el celibato y la mortificación de la carne, la vida monástica y la Madre Iglesia?

Der christliche Sozialismus ist nur das Weihwasser, mit dem der Priester das Herzbrennen des Aristokraten weiht

El socialismo cristiano no es más que el agua bendita con la que el sacerdote consagra los ardores del corazón del aristócrata

b) Kleinbürgerlicher Sozialismus
b) Socialismo pequeñoburgués

Die feudale Aristokratie war nicht die einzige Klasse, die von der Bourgeoisie ruiniert wurde
La aristocracia feudal no fue la única clase arruinada por la burguesía

sie war nicht die einzige Klasse, deren Existenzbedingungen in der Atmosphäre der modernen Bourgeoisie Gesellschaft schmachten und zugrunde gingen
no fue la única clase cuyas condiciones de existencia languidecieron y perecieron en la atmósfera de la sociedad burguesa moderna

Die mittelalterliche Bürgerschaft und die kleinbäuerlichen Eigentümer waren die Vorläufer des modernen Bourgeoisie
Los burgueses medievales y los pequeños propietarios campesinos fueron los precursores de la burguesía moderna

In den Ländern, die industriell und kommerziell nur wenig entwickelt sind, vegetieren diese beiden Klassen noch Seite an Seite
En los países poco desarrollados, industrial y comercialmente, estas dos clases siguen vegetando una al lado de la otra

und in der Zwischenzeit erhebt sich die Bourgeoisie neben ihnen: industriell, kommerziell und politisch
y mientras tanto la burguesía se levanta junto a ellos: industrial, comercial y políticamente

In den Ländern, in denen die moderne Zivilisation voll entwickelt ist, hat sich eine neue Klasse des Kleinbourgeoisie gebildet
En los países donde la civilización moderna se ha desarrollado plenamente, se ha formado una nueva clase de pequeña burguesía

diese neue soziale Klasse schwankt zwischen Proletariat und Bourgeoisie
esta nueva clase social fluctúa entre el proletariado y la burguesía

und sie erneuert sich ständig als ergänzender Teil der Bourgeoisie Gesellschaft

y siempre se renueva como parte complementaria de la sociedad burguesa

Die einzelnen Glieder dieser Klasse aber werden fortwährend in das Proletariat hinabgeschleudert

Sin embargo, los miembros individuales de esta clase son constantemente arrojados al proletariado

sie werden vom Proletariat durch die Einwirkung der Konkurrenz aufgesaugt

son absorbidos por el proletariado a través de la acción de la competencia

In dem Maße, wie sich die moderne Industrie entwickelt, sehen sie sogar den Augenblick herannahen, in dem sie als eigenständiger Teil der modernen Gesellschaft völlig verschwinden wird

A medida que la industria moderna se desarrolla, incluso ven acercarse el momento en que desaparecerán por completo como sección independiente de la sociedad moderna

Sie werden in der Manufaktur, in der Landwirtschaft und im Handel durch Aufseher, Gerichtsvollzieher und Krämer ersetzt werden

Serán reemplazados, en las manufacturas, la agricultura y el comercio, por vigilantes, alguaciles y tenderos

In Ländern wie Frankreich, wo die Bauern weit mehr als die Hälfte der Bevölkerung ausmachen

En países como Francia, donde los campesinos constituyen mucho más de la mitad de la población

es war natürlich, dass es Schriftsteller gab, die sich auf die Seite des Proletariats gegen die Bourgeoisie stellten

era natural que hubiera escritores que se pusieran del lado del proletariado contra la burguesía

in ihrer Kritik am Bourgeoisie Regime benutzten sie den Maßstab des Bauern- und Kleinbourgeoisie

en su crítica al régimen burgués utilizaron el estandarte de la pequeña burguesía campesina

Und vom Standpunkt dieser Zwischenklassen aus ergreifen sie die Keule für die Arbeiterklasse

Y desde el punto de vista de estas clases intermedias, toman el garrote de la clase obrera

So entstand der Kleinbourgeoisie Sozialismus, dessen Haupt Sismondi nicht nur in Frankreich, sondern auch in England war

Así surgió el socialismo pequeñoburgués, del que Sismondi era el jefe de esta escuela, no sólo en Francia, sino también en Inglaterra

Diese Schule des Sozialismus sezierte mit großer Schärfe die Widersprüche in den Bedingungen der modernen Produktion

Esta escuela del socialismo diseccionó con gran agudeza las contradicciones de las condiciones de producción moderna

Diese Schule entlarvte die heuchlerischen Entschuldigungen der Ökonomen

Esta escuela puso al descubierto las apologías hipócritas de los economistas

Diese Schule bewies unwiderlegbar die verheerenden Auswirkungen der Maschinerie und der Arbeitsteilung

Esta escuela demostró, incontrovertiblemente, los efectos desastrosos de la maquinaria y de la división del trabajo

Es bewies die Konzentration von Kapital und Grund und Boden in wenigen Händen

Probó la concentración del capital y de la tierra en pocas manos

sie bewies, wie Überproduktion zu Bourgeoisie-Krisen führt

demostró cómo la sobreproducción conduce a las crisis de la burguesía

sie wies auf den unvermeidlichen Ruin des Kleinbourgeoisie' und der Bauern hin

señalaba la ruina inevitable de la pequeña burguesía y del campesino

das Elend des Proletariats, die Anarchie in der Produktion, die schreiende Ungleichheit in der Verteilung des Reichtums

la miseria del proletariado, la anarquía en la producción, las desigualdades flagrantes en la distribución de la riqueza

Er zeigte, wie das Produktionssystem den industriellen Vernichtungskrieg zwischen den Nationen führt

Mostró cómo el sistema de producción lidera la guerra industrial de exterminio entre naciones

die Auflösung der alten sittlichen Bande, der alten Familienverhältnisse, der alten Nationalitäten

la disolución de los viejos lazos morales, de las viejas relaciones familiares, de las viejas nacionalidades

In ihren positiven Zielen strebt diese Form des Sozialismus jedoch eines von zwei Dingen an

Sin embargo, en sus objetivos positivos, esta forma de socialismo aspira a lograr una de dos cosas

Entweder zielt sie darauf ab, die alten Produktions- und Tauschmittel wiederherzustellen

o bien pretende restaurar los antiguos medios de producción y de intercambio

und mit den alten Produktionsmitteln würde sie die alten Eigentumsverhältnisse und die alte Gesellschaft wiederherstellen

y con los viejos medios de producción restauraría las viejas relaciones de propiedad y la vieja sociedad

oder sie zielt darauf ab, die modernen Produktions- und Austauschmittel in den alten Rahmen der Eigentumsverhältnisse zu zwängen

o pretende apretar los medios modernos de producción e intercambio en el viejo marco de las relaciones de propiedad

In beiden Fällen ist es sowohl reaktionär als auch utopisch

En cualquier caso, es a la vez reaccionario y utópico

Seine letzten Worte lauten: Korporativzünfte für die Manufaktur, patriarchalische Verhältnisse in der Landwirtschaft

Sus últimas palabras son: gremios corporativos para la manufactura, relaciones patriarcales en la agricultura

Schließlich, als hartnäckige historische Tatsachen alle berauschenden Wirkungen der Selbsttäuschung zerstreut hatten,

En última instancia, cuando los obstinados hechos históricos habían dispersado todos los efectos embriagadores del autoengaño

diese Form des Sozialismus endete in einem elenden Anfall von Mitleid

esta forma de socialismo terminó en un miserable ataque de lástima

c) Deutscher oder "wahrer" Sozialismus

c) Socialismo alemán o "verdadero"

Die sozialistische und kommunistische Literatur Frankreichs entstand unter dem Druck einer herrschenden Bourgeoisie

La literatura socialista y comunista de Francia se originó bajo la presión de una burguesía en el poder

Und diese Literatur war der Ausdruck des Kampfes gegen diese Macht

Y esta literatura era la expresión de la lucha contra este poder

sie wurde in Deutschland zu einer Zeit eingeführt, als die Bourgeoisie gerade ihren Kampf mit dem feudalen Absolutismus begonnen hatte

se introdujo en Alemania en un momento en que la burguesía acababa de comenzar su lucha contra el absolutismo feudal

Deutsche Philosophen, Möchtegern-Philosophen und Beaux Esprits griffen begierig zu dieser Literatur

Los filósofos alemanes, los aspirantes a filósofos y los beaux esprits, se apoderaron con avidez de esta literatura

aber sie vergaßen, daß die Schriften aus Frankreich nach Deutschland einwanderten, ohne die französischen Gesellschaftsverhältnisse mitzubringen

pero olvidaron que los escritos emigraron de Francia a Alemania sin traer consigo las condiciones sociales francesas

Im Kontakt mit den deutschen gesellschaftlichen Verhältnissen verlor diese französische Literatur ihre unmittelbare praktische Bedeutung

En contacto con las condiciones sociales alemanas, esta literatura francesa perdió toda su significación práctica inmediata

und die kommunistische Literatur Frankreichs nahm in deutschen akademischen Kreisen einen rein literarischen Aspekt an

y la literatura comunista de Francia asumió un aspecto puramente literario en los círculos académicos alemanes

So waren die Forderungen der ersten Französischen
Revolution nichts anderes als die Forderungen der
"praktischen Vernunft"

Así, las exigencias de la primera Revolución Francesa no eran
más que las exigencias de la "Razón Práctica"

und die Willensäußerung der revolutionären französischen
Bourgeoisie bedeutete in ihren Augen das Gesetz des reinen
Willens

y la expresión de la voluntad de la burguesía revolucionaria
francesa significaba a sus ojos la ley de la voluntad pura

es bedeutete den Willen, wie er sein mußte; des wahren
menschlichen Willens überhaupt

significaba la Voluntad tal como estaba destinada a ser; de la
verdadera Voluntad humana en general

Die Welt der deutschen Literaten bestand einzig und allein
darin, die neuen französischen Ideen mit ihrem alten
philosophischen Gewissen in Einklang zu bringen

El mundo de los literatos alemanes consistía únicamente en
armonizar las nuevas ideas francesas con su antigua
conciencia filosófica

oder vielmehr, sie annektierten die französischen Ideen,
ohne ihren eigenen philosophischen Standpunkt
aufzugeben

o mejor dicho, se anexionaron las ideas francesas sin
abandonar su propio punto de vista filosófico

Diese Annexion vollzog sich auf die gleiche Weise, wie man
sich eine Fremdsprache aneignet, nämlich durch
Übersetzung

Esta anexión se llevó a cabo de la misma manera en que se
apropia una lengua extranjera, es decir, por traducción

Es ist bekannt, wie die Mönche alberne Leben katholischer
Heiliger über Manuskripte schrieben

Es bien sabido cómo los monjes escribieron vidas tontas de
santos católicos sobre manuscritos

die Manuskripte, auf denen die klassischen Werke des
antiken Heidentums geschrieben waren

los manuscritos sobre los que se habían escrito las obras
clásicas del antiguo paganismo

**Die deutschen Literaten kehrten diesen Prozess mit der
profanen französischen Literatur um**

Los literatos alemanes invirtieron este proceso con la literatura
profana francesa

**Sie schrieben ihren philosophischen Unsinn unter das
französische Original**

Escribieron sus tonterías filosóficas bajo el original francés

**Zum Beispiel schrieben sie unter der französischen Kritik an
den ökonomischen Funktionen des Geldes "Entfremdung
der Menschheit"**

Por ejemplo, debajo de la crítica francesa a las funciones
económicas del dinero, escribieron "Alienación de la
humanidad"

**unter die französische Kritik am Bourgeoisie Staat schrieben
sie "Entthronung der Kategorie des Generals"**

debajo de la crítica francesa al Estado burgués escribieron
"destronamiento de la categoría de general"

**Die Einführung dieser philosophischen Phrasen hinter der
französischen Geschichtskritik nannten sie:**

La introducción de estas frases filosóficas en el reverso de las
críticas históricas francesas las denominó:

**"Philosophie des Handelns", "Wahrer Sozialismus",
"Deutsche Sozialismuswissenschaft", "Philosophische
Grundlagen des Sozialismus" und so weiter**

"Filosofía de la acción", "Socialismo verdadero", "Ciencia
alemana del socialismo", "Fundamentos filosóficos del
socialismo", etc

**Die französische sozialistische und kommunistische
Literatur wurde damit völlig entmannt**

De este modo, la literatura socialista y comunista francesa
quedó completamente castrada

**in den Händen der deutschen Philosophen hörte sie auf, den
Kampf der einen Klasse mit der anderen auszudrücken**

en manos de los filósofos alemanes dejó de expresar la lucha de una clase con la otra

und so fühlten sich die deutschen Philosophen bewußt, die "französische Einseitigkeit" überwunden zu haben

y así los filósofos alemanes se sintieron conscientes de haber superado la "unilateralidad francesa"

Sie musste keine wahren Forderungen repräsentieren, sondern sie repräsentierte Forderungen der Wahrheit

no tenía que representar requisitos verdaderos, sino que representaba requisitos de verdad

es gab kein Interesse am Proletariat, sondern an der menschlichen Natur

no había interés en el proletariado, más bien, había interés en la Naturaleza Humana

das Interesse galt dem Menschen überhaupt, der keiner Klasse angehört und keine Wirklichkeit hat

el interés estaba en el Hombre en general, que no pertenece a ninguna clase y no tiene realidad

ein Mann, der nur im nebligen Reich der philosophischen Fantasie existiert

Un hombre que sólo existe en el brumoso reino de la fantasía filosófica

aber schließlich verlor auch dieser deutsche Schulsozialismus seine pedantische Unschuld

pero con el tiempo este colegial socialismo alemán también perdió su inocencia pedante

die deutsche Bourgeoisie und besonders die preußische Bourgeoisie kämpfte gegen die feudale Aristokratie

la burguesía alemana, y especialmente la burguesía prusiana, lucharon contra la aristocracia feudal

auch die absolute Monarchie Deutschlands und Preußens wurde bekämpft

la monarquía absoluta de Alemania y Prusia también estaba siendo combatida

Und im Gegenzug wurde auch die Literatur der liberalen Bewegung ernster

Y a su vez, la literatura del movimiento liberal también se hizo más seria

Deutschlands lang ersehnte Chance auf einen "wahren" Sozialismus wurde geboten

Se le ofreció a Alemania la tan deseada oportunidad del "verdadero" socialismo

die Möglichkeit, die politische Bewegung mit den sozialistischen Forderungen zu konfrontieren

la oportunidad de confrontar al movimiento político con las reivindicaciones socialistas

die Gelegenheit, die traditionellen Bannsprüche gegen den Liberalismus zu schleudern

la oportunidad de lanzar los anatemas tradicionales contra el liberalismo

die Möglichkeit, die repräsentative Regierung und die Bourgeoisie Konkurrenz anzugreifen

la oportunidad de atacar al gobierno representativo y a la competencia burguesa

Pressefreiheit der Bourgeoisie, Bourgeoisie Gesetzgebung, Bourgeoisie Freiheit und Gleichheit

Libertad de prensa burguesa, Legislación burguesa, Libertad e igualdad burguesa

All dies könnte nun in der realen Welt kritisiert werden, anstatt in der Fantasie

Todo esto ahora podría ser criticado en el mundo real, en lugar de en la fantasía

Feudalaristokratie und absolute Monarchie hatten den Massen lange gepredigt

La aristocracia feudal y la monarquía absoluta habían predicado durante mucho tiempo a las masas

"Der Arbeiter hat nichts zu verlieren und er hat alles zu gewinnen"

"El obrero no tiene nada que perder y tiene todo que ganar"

auch die Bourgeoisie bewegung bot eine Chance, sich mit diesen Plattitüden auseinanderzusetzen

el movimiento burgués también ofrecía la oportunidad de
hacer frente a estos tópicos

**die französische Kritik setzte die Existenz der modernen
Bourgeoisie Gesellschaft voraus**

la crítica francesa presuponía la existencia de la sociedad
burguesa moderna

**Bourgeoisie, ökonomische Existenzbedingungen und
Bourgeoisie politische Verfassung**

Las condiciones económicas de existencia de la burguesía y la
constitución política de la burguesía

**gerade die Dinge, deren Errungenschaft Gegenstand des in
Deutschland anstehenden Kampfes war**

las mismas cosas cuya consecución era el objeto de la lucha
pendiente en Alemania

**Deutschlands albernes Echo des Sozialismus hat diese Ziele
gerade noch rechtzeitig aufgegeben**

El estúpido eco del socialismo alemán abandonó estos
objetivos justo a tiempo

**Die absoluten Regierungen hatten ihre Gefolgschaft aus
Pfarrern, Professoren, Landjunkern und Beamten**

Los gobiernos absolutos tenían sus seguidores de párrocos,
profesores, escuderos y funcionarios

**die damalige Regierung begegnete den deutschen
Arbeiteraufständen mit Auspeitschungen und Kugeln**

el gobierno de la época se enfrentó a los levantamientos de la
clase obrera alemana con azotes y balas

**ihnen diente dieser Sozialismus als willkommene
Vogelscheuche gegen die drohende Bourgeoisie**

para ellos este socialismo servía de espantapájaros contra la
burguesía amenazadora

**und die deutsche Regierung konnte nach den bitteren
Pillen, die sie austeilte, ein süßes Dessert anbieten**

y el gobierno alemán pudo ofrecer un postre dulce después de
las píldoras amargas que repartió

**dieser "wahre" Sozialismus diente also den Regierungen als
Waffe im Kampf gegen die deutsche Bourgeoisie**

este "verdadero" socialismo servía así a los gobiernos como
arma para combatir a la burguesía alemana

**und gleichzeitig repräsentierte sie direkt ein reaktionäres
Interesse; die der deutschen Philister**

y, al mismo tiempo, representaba directamente un interés
reaccionario; la de los filisteos alemanes

**In Deutschland ist das Kleinbourgeoisie die wirkliche
gesellschaftliche Grundlage des bestehenden Zustandes**

En Alemania, la pequeña burguesía es la verdadera base social
del actual estado de cosas

**Ein Relikt des sechzehnten Jahrhunderts, das immer wieder
in verschiedenen Formen auftaucht**

Una reliquia del siglo XVI que ha ido surgiendo
constantemente bajo diversas formas

**Diese Klasse zu bewahren bedeutet, den bestehenden
Zustand in Deutschland zu bewahren**

Preservar esta clase es preservar el estado de cosas existente en
Alemania

**Die industrielle und politische Vorherrschaft der
Bourgeoisie bedroht das KleinBourgeoisie mit der sicheren
Vernichtung**

La supremacía industrial y política de la burguesía amenaza a
la pequeña burguesía con una destrucción segura

**auf der einen Seite droht sie das Kleinbourgeoisiedurch die
Konzentration des Kapitals zu vernichten**

por un lado, amenaza con destruir a la pequeña burguesía a
través de la concentración del capital

**auf der anderen Seite droht die Bourgeoisie, sie durch den
Aufstieg eines revolutionären Proletariats zu zerstören**

por otra parte, la burguesía amenaza con destruirla mediante
el ascenso de un proletariado revolucionario

**Der "wahre" Sozialismus schien diese beiden Fliegen mit
einer Klappe zu schlagen. Es breitete sich wie eine Epidemie
aus**

El "verdadero" socialismo parecía matar estos dos pájaros de
un tiro. Se extendió como una epidemia

Das Gewand spekulativer Spinnweben, bestickt mit Blumen der Rhetorik, durchtränkt vom Tau kränklicher Gefühle

El manto de telarañas especulativas, bordado con flores de retórica, empapado en el rocío de un sentimiento enfermizo

dieses transzendentale Gewand, in das die deutschen Sozialisten ihre traurigen "ewigen Wahrheiten" hüllten

esta túnica trascendental en la que los socialistas alemanes envolvían sus tristes "verdades eternas"

alle Haut und Knochen, dienten dazu, den Absatz ihrer Waren bei einem solchen Publikum wunderbar zu vermehren.

toda la piel y los huesos, sirvieron para aumentar maravillosamente la venta de sus productos entre un público tan

Und der deutsche Sozialismus seinerseits erkannte mehr und mehr seine eigene Berufung

Y por su parte, el socialismo alemán reconocía, cada vez más, su propia vocación

sie war berufen, die bombastische Vertreterin des Kleinbourgeoisie Philisters zu sein

estaba llamado a ser el grandilocuente representante de la pequeña burguesía filistea

Sie proklamierte die deutsche Nation als Musternation und den deutschen Kleinphilister als Mustermann

Proclamaba que la nación alemana era la nación modelo, y que el pequeño filisteo alemán era el hombre modelo

Jeder schurkischen Gemeinheit dieses Mustermenschen gab sie eine verborgene, höhere, sozialistische Deutung

A cada maldad malvada de este hombre modelo le daba una interpretación socialista oculta y superior

diese höhere, sozialistische Deutung war das genaue Gegenteil ihres wirklichen Charakters

esta interpretación socialista superior era exactamente lo contrario de su carácter real

Sie ging so weit, sich der "brutal destruktiven" Tendenz des Kommunismus direkt entgegenzustellen

Llegó al extremo de oponerse directamente a la tendencia
"brutalmente destructiva" del comunismo

**und sie proklamierte ihre höchste und unparteiische
Verachtung aller Klassenkämpfe**

y proclamó su supremo e imparcial desprecio de todas las
luchas de clases

**Mit sehr wenigen Ausnahmen gehören alle sogenannten
sozialistischen und kommunistischen Publikationen, die
jetzt (1847) in Deutschland zirkulieren, in den Bereich dieser
üblen und entnervenden Literatur**

Con muy pocas excepciones, todas las publicaciones llamadas
socialistas y comunistas que ahora (1847) circulan en Alemania
pertenecen al dominio de esta literatura sucia y enervante

2) Konservativer Sozialismus oder bürgerlicher Sozialismus
2) Socialismo conservador o socialismo burgués

Ein Teil der Bourgeoisie will soziale Missstände beseitigen
Una parte de la burguesía está deseosa de reparar los agravios sociales
um den Fortbestand der Bourgeoisie Gesellschaft zu sichern
con el fin de asegurar la continuidad de la sociedad burguesa
Zu dieser Sektion gehören Ökonomen, Philanthropen, Menschenfreunde
A esta sección pertenecen economistas, filántropos, humanistas
Verbesserer der Lage der Arbeiterklasse und Organisatoren der Wohltätigkeit
mejoradores de la condición de la clase obrera y organizadores de la caridad
Mitglieder von Gesellschaften zur Verhütung von Tierquälerei
Miembros de las Sociedades para la Prevención de la Crueldad contra los Animales
Mäßigkeitsfanatiker, Loch-und-Ecken-Reformer aller erdenklichen Art
fanáticos de la templanza, reformadores de todo tipo imaginable
Diese Form des Sozialismus ist überdies zu vollständigen Systemen ausgearbeitet worden
Esta forma de socialismo, además, ha sido elaborada en sistemas completos
Als Beispiel für diese Form sei Proudhons "Philosophie de la Misère" angeführt
Podemos citar la "Philosophie de la Misère" de Proudhon como ejemplo de esta forma
Die sozialistische Bourgeoisie will alle Vorteile der modernen gesellschaftlichen Verhältnisse
La burguesía socialista quiere todas las ventajas de las condiciones sociales modernas

aber die sozialistische Bourgeoisie will nicht unbedingt die daraus resultierenden Kämpfe und Gefahren

pero la burguesía socialista no quiere necesariamente las luchas y los peligros resultantes

Sie wollen den bestehenden Zustand der Gesellschaft, abzüglich ihrer revolutionären und zerfallenden Elemente

Desean el estado actual de la sociedad, menos sus elementos revolucionarios y desintegradores

mit anderen Worten, sie wünschen sich eine Bourgeoisie ohne Proletariat

en otras palabras, desean una burguesía sin proletariado

Die Bourgeoisie begreift natürlich die Welt, in der sie die höchste ist, die Beste zu sein

La burguesía concibe naturalmente el mundo en el que es supremo ser el mejor

und der Bourgeoisie Sozialismus entwickelt diese bequeme Auffassung zu verschiedenen mehr oder weniger vollständigen Systemen

y el socialismo burgués desarrolla esta cómoda concepción en varios sistemas más o menos completos

sie wünschen sich sehr, dass das Proletariat geradewegs in das soziale Neue Jerusalem marschiert

les gustaría mucho que el proletariado marchara directamente hacia la Nueva Jerusalén social

Aber in Wirklichkeit verlangt sie, dass das Proletariat innerhalb der Grenzen der bestehenden Gesellschaft bleibt

pero en realidad requiere que el proletariado permanezca dentro de los límites de la sociedad existente

sie fordern das Proletariat auf, alle seine hasserfüllten Ideen über die Bourgeoisie abzulegen

piden al proletariado que abandone todas sus ideas odiosas sobre la burguesía

es gibt eine zweite, praktischere, aber weniger systematische Form dieses Sozialismus

hay una segunda forma más práctica, pero menos sistemática, de este socialismo

Diese Form des Sozialismus versuchte, jede revolutionäre Bewegung in den Augen der Arbeiterklasse abzuwerten

Esta forma de socialismo buscaba despreciar todo movimiento revolucionario a los ojos de la clase obrera

Sie argumentieren, dass keine bloße politische Reform für sie von Vorteil sein könnte

Argumentan que ninguna mera reforma política podría ser ventajosa para ellos

nur eine Veränderung der materiellen Existenzbedingungen in den wirtschaftlichen Beziehungen ist von Nutzen

Sólo un cambio en las condiciones materiales de existencia en las relaciones económicas es beneficioso

Wie der Kommunismus tritt auch diese Form des Sozialismus für eine Veränderung der materiellen Existenzbedingungen ein

Al igual que el comunismo, esta forma de socialismo aboga por un cambio en las condiciones materiales de existencia

Diese Form des Sozialismus bedeutet jedoch keineswegs, dass die Bourgeoisie Produktionsverhältnisse abgeschafft werden

sin embargo, esta forma de socialismo no sugiere en modo alguno la abolición de las relaciones de producción burguesas

die Abschaffung der Bourgeoisie Produktionsverhältnisse kann nur durch eine Revolution erreicht werden

la abolición de las relaciones de producción burguesas sólo puede lograrse mediante una revolución

Doch statt einer Revolution schlägt diese Form des Sozialismus Verwaltungsreformen vor

Pero en lugar de una revolución, esta forma de socialismo sugiere reformas administrativas

und diese Verwaltungsreformen würden auf dem Fortbestand dieser Beziehungen beruhen

y estas reformas administrativas se basarían en la continuidad de estas relaciones

Reformen, die in keiner Weise die Beziehungen zwischen Kapital und Arbeit berühren

reformas, por lo tanto, que no afectan en ningún aspecto a las relaciones entre el capital y el trabajo

im besten Fall verringern solche Reformen die Kosten und vereinfachen die Verwaltungsarbeit der Bourgeoisie Regierung

en el mejor de los casos, tales reformas disminuyen el costo y simplifican el trabajo administrativo del gobierno burgués

Der Bourgeoisie Sozialismus kommt dann und nur dann adäquat zum Ausdruck, wenn er zur bloßen Redewendung wird

El socialismo burgués alcanza una expresión adecuada cuando, y sólo cuando, se convierte en una mera figura retórica

Freihandel: zum Wohle der Arbeiterklasse

Libre comercio: en beneficio de la clase obrera

Schutzpflichten: zum Wohle der Arbeiterklasse

Deberes protectores: en beneficio de la clase obrera

Gefängnisreform: zum Wohle der Arbeiterklasse

Reforma Penitenciaria: en beneficio de la clase trabajadora

Das ist das letzte Wort und das einzig ernst gemeinte Wort des Bourgeoisie Sozialismus

Esta es la última palabra y la única palabra seria del socialismo burgués

Sie ist in dem Satz zusammengefasst: Die Bourgeoisie ist eine Bourgeoisie zum Wohle der Arbeiterklasse

Se resume en la frase: la burguesía es una burguesía en beneficio de la clase obrera

3) Kritisch-utopischer Sozialismus und Kommunismus
3) Socialismo crítico-utópico y comunismo

Wir beziehen uns hier nicht auf jene Literatur, die den Forderungen des Proletariats immer eine Stimme gegeben hat
No nos referimos aquí a esa literatura que siempre ha dado voz a las reivindicaciones del proletariado

dies war in jeder großen modernen Revolution vorhanden, wie z. B. in den Schriften von Babeuf und anderen
esto ha estado presente en todas las grandes revoluciones modernas, como los escritos de Babeuf y otros

Die ersten unmittelbaren Versuche des Proletariats, seine eigenen Ziele zu erreichen, scheiterten notwendigerweise
Las primeras tentativas directas del proletariado para alcanzar sus propios fines fracasaron necesariamente

Diese Versuche wurden in Zeiten allgemeiner Aufregung unternommen, als die feudale Gesellschaft gestürzt wurde
Estos intentos se hicieron en tiempos de excitación universal, cuando la sociedad feudal estaba siendo derrocada

Der damals noch unterentwickelte Zustand des Proletariats führte zum Scheitern dieser Versuche
El entonces subdesarrollado del proletariado llevó a que fracasaran esos intentos

und sie scheiterten am Fehlen der wirtschaftlichen Voraussetzungen für ihre Emanzipation
y fracasaron por la ausencia de las condiciones económicas para su emancipación

Bedingungen, die erst noch geschaffen werden mussten und die durch die bevorstehende Epoche der Bourgeoisie allein hervorgebracht werden konnten
condiciones que aún no se habían producido, y que sólo podían ser producidas por la inminente época de la burguesía

Die revolutionäre Literatur, die diese ersten Bewegungen des Proletariats begleitete, hatte notwendigerweise einen reaktionären Charakter

La literatura revolucionaria que acompañó a estos primeros
movimientos del proletariado tuvo necesariamente un carácter
reaccionario
**Diese Literatur schärfte universelle Askese und soziale
Nivellierung in ihrer gröbsten Form ein**
Esta literatura inculcó el ascetismo universal y la nivelación
social en su forma más cruda
**Die sozialistischen und kommunistischen Systeme, die man
eigentlich so nennt, entstehen in der frühen unentwickelten
Periode**
Los sistemas socialista y comunista, propiamente dichos,
surgen en el período temprano no desarrollado
**Saint-Simon, Fourier, Owen und andere beschrieben den
Kampf zwischen Proletariat und Bourgeoisie (siehe
Abschnitt 1)**
Saint-Simon, Fourier, Owen y otros, describieron la lucha
entre el proletariado y la burguesía (ver sección 1)
**Die Begründer dieser Systeme sehen in der Tat die
Klassengegensätze**
Los fundadores de estos sistemas ven, en efecto, los
antagonismos de clase
**Sie sehen auch das Wirken der sich zersetzenden Elemente
in der herrschenden Gesellschaftsform**
también ven la acción de los elementos en descomposición, en
la forma predominante de la sociedad
**Aber das Proletariat, das noch in den Kinderschuhen steckt,
bietet ihnen das Schauspiel einer Klasse ohne jede
historische Initiative**
Pero el proletariado, todavía en su infancia, les ofrece el
espectáculo de una clase sin ninguna iniciativa histórica
**Sie sehen das Schauspiel einer sozialen Klasse ohne
unabhängige politische Bewegung**
Ven el espectáculo de una clase social sin ningún movimiento
político independiente
**Die Entwicklung des Klassengegensatzes hält mit der
Entwicklung der Industrie Schritt**

El desarrollo del antagonismo de clase sigue el mismo ritmo
que el desarrollo de la industria

**Die ökonomische Lage bietet ihnen also noch nicht die
materiellen Bedingungen für die Befreiung des Proletariats**

De modo que la situación económica no les ofrece todavía las
condiciones materiales para la emancipación del proletariado

**Sie suchen also nach einer neuen Sozialwissenschaft, nach
neuen sozialen Gesetzen, die diese Bedingungen schaffen
sollen**

Por lo tanto, buscan una nueva ciencia social, nuevas leyes
sociales, que creen estas condiciones

**historisches Handeln besteht darin, sich ihrem persönlichen
erfinderischen Handeln zu beugen**

acción histórica es ceder a su acción inventiva personal

**Historisch geschaffene Emanzipationsbedingungen sollen
phantastischen Verhältnissen weichen**

Las condiciones de emancipación creadas históricamente han
de ceder ante condiciones fantásticas

**und die allmähliche, spontane Klassenorganisation des
Proletariats soll der Organisation der Gesellschaft weichen**

y la organización gradual y espontánea de clase del
proletariado debe ceder ante la organización de la sociedad

**die Organisation der Gesellschaft, die von diesen Erfindern
eigens ersonnen wurde**

la organización de la sociedad especialmente ideada por estos
inventores

**Die zukünftige Geschichte löst sich in ihren Augen in die
Propaganda und die praktische Durchführung ihrer sozialen
Pläne auf**

La historia futura se resuelve, a sus ojos, en la propaganda y
en la realización práctica de sus planes sociales

**Bei der Ausarbeitung ihrer Pläne sind sie sich bewußt, daß
sie sich in erster Linie um die Interessen der Arbeiterklasse
kümmern**

En la formación de sus planes son conscientes de preocuparse
principalmente por los intereses de la clase obrera

Nur unter dem Gesichtspunkt, die leidendste Klasse zu sein, existiert das Proletariat für sie

Sólo desde el punto de vista de ser la clase más sufriente existe el proletariado para ellos

Der unentwickelte Zustand des Klassenkampfes und ihre eigene Umgebung prägen ihre Meinungen

El estado subdesarrollado de la lucha de clases y su propio entorno informan sus opiniones

Sozialisten dieser Art halten sich allen Klassengegensätzen weit überlegen

Los socialistas de este tipo se consideran muy superiores a todos los antagonismos de clase

Sie wollen die Lage jedes Mitglieds der Gesellschaft verbessern, auch die der Begünstigten

Quieren mejorar la condición de todos los miembros de la sociedad, incluso la de los más favorecidos

Daher appellieren sie gewöhnlich an die Gesellschaft als Ganzes, ohne Unterschied der Klasse

De ahí que habitualmente atraigan a la sociedad en general, sin distinción de clase

Ja, sie appellieren an die Gesellschaft als Ganzes, indem sie die herrschende Klasse bevorzugen

Es más, apelan a la sociedad en general con preferencia a la clase dominante

Für sie ist alles, was es braucht, dass andere ihr System verstehen

Para ellos, todo lo que se requiere es que los demás entiendan su sistema

Denn wie können die Menschen nicht erkennen, dass der bestmögliche Plan für den bestmöglichen Zustand der Gesellschaft ist?

Porque, ¿cómo puede la gente no ver que el mejor plan posible es para el mejor estado posible de la sociedad?

Daher lehnen sie jede politische und vor allem jede revolutionäre Aktion ab

Por lo tanto, rechazan toda acción política, y especialmente toda acción revolucionaria

Sie wollen ihre Ziele mit friedlichen Mitteln erreichen
desean alcanzar sus fines por medios pacíficos

Sie bemühen sich durch kleine Experimente, die notwendigerweise zum Scheitern verurteilt sind
se esfuerzan, mediante pequeños experimentos, que están necesariamente condenados al fracaso

und durch die Kraft des Beispiels versuchen sie, den Weg für das neue soziale Evangelium zu ebnen
y con la fuerza del ejemplo tratan de abrir el camino al nuevo Evangelio social

Welch phantastische Bilder von der zukünftigen Gesellschaft, gemalt in einer Zeit, in der sich das Proletariat noch in einem sehr unterentwickelten Zustand befindet
Cuadros tan fantásticos de la sociedad futura, pintados en un momento en que el proletariado se encuentra todavía en un estado muy subdesarrollado

und sie hat immer noch nur eine phantastische Vorstellung von ihrer eigenen Stellung
y todavía no tiene más que una concepción fantástica de su propia posición

aber ihre ersten instinktiven Sehnsüchte entsprechen den Sehnsüchten des Proletariats
pero sus primeros anhelos instintivos corresponden a los anhelos del proletariado

Beide sehnen sich nach einem allgemeinen Umbau der Gesellschaft
Ambos anhelan una reconstrucción general de la sociedad

Aber diese sozialistischen und kommunistischen Veröffentlichungen enthalten auch ein kritisches Element
Pero estas publicaciones socialistas y comunistas también contienen un elemento crítico

Sie greifen jedes Prinzip der bestehenden Gesellschaft an
Atacan todos los principios de la sociedad existente

Daher sind sie voll von den wertvollsten Materialien für die Aufklärung der Arbeiterklasse

De ahí que estén llenos de los materiales más valiosos para la ilustración de la clase obrera

Sie schlagen die Abschaffung der Unterscheidung zwischen Stadt und Land und der Familie vor

Proponen la abolición de la distinción entre la ciudad y el campo, y la familia

die Abschaffung des Gewerbetreibens für Rechnung von Privatpersonen

la supresión de la explotación de industrias por cuenta de los particulares

und die Abschaffung des Lohnsystems und die Proklamation des sozialen Friedens

y la abolición del sistema salarial y la proclamación de la armonía social

die Verwandlung der Funktionen des Staates in eine bloße Aufsicht über die Produktion

la conversión de las funciones del Estado en una mera superintendencia de la producción

Alle diese Vorschläge deuten einzig und allein auf das Verschwinden der Klassengegensätze hin

Todas estas propuestas, apuntan únicamente a la desaparición de los antagonismos de clase

Klassengegensätze waren damals gerade erst im Entstehen begriffen

Los antagonismos de clase estaban, en ese momento, apenas surgiendo

In diesen Veröffentlichungen werden diese Klassengegensätze nur in ihren frühesten, undeutlichen und unbestimmten Formen anerkannt

En estas publicaciones estos antagonismos de clase se reconocen sólo en sus formas más tempranas, indistintas e indefinidas

Diese Vorschläge haben also rein utopischen Charakter

Estas propuestas, por lo tanto, son de carácter puramente utópico

Die Bedeutung des kritisch-utopischen Sozialismus und des Kommunismus steht in einem umgekehrten Verhältnis zur historischen Entwicklung

La importancia del socialismo crítico-utópico y del comunismo guarda una relación inversa con el desarrollo histórico

Der moderne Klassenkampf wird sich entwickeln und weiter konkrete Gestalt annehmen

La lucha de clases moderna se desarrollará y continuará tomando forma definitiva

Dieses fantastische Ansehen des Wettbewerbs wird jeden praktischen Wert verlieren

Esta fantástica posición del concurso perderá todo valor práctico

Diese phantastischen Angriffe auf die Klassengegensätze verlieren jede theoretische Rechtfertigung

Estos fantásticos ataques a los antagonismos de clase perderán toda justificación teórica

Die Urheber dieser Systeme waren in vielerlei Hinsicht revolutionär

Los creadores de estos sistemas fueron, en muchos aspectos, revolucionarios

Aber ihre Jünger haben in jedem Fall bloße reaktionäre Sekten gebildet

pero sus discípulos han formado, en todos los casos, meras sectas reaccionarias

Sie halten an den ursprünglichen Ansichten ihrer Meister fest

Se aferran firmemente a los puntos de vista originales de sus amos

Aber diese Anschauungen stehen im Gegensatz zur fortschreitenden geschichtlichen Entwicklung des Proletariats

Pero estos puntos de vista se oponen al desarrollo histórico progresivo del proletariado

Sie bemühen sich daher, und zwar konsequent, den Klassenkampf abzustumpfen

Por lo tanto, se esfuerzan, y eso de manera consecuente, por amortiguar la lucha de clases

Und sie bemühen sich konsequent, die Klassengegensätze zu versöhnen

y se esfuerzan constantemente por reconciliar los antagonismos de clase

Noch träumen sie von der experimentellen Umsetzung ihrer gesellschaftlichen Utopien

Todavía sueñan con la realización experimental de sus utopías sociales

sie träumen immer noch davon, isolierte "Phalanster" zu gründen und "Heimatkolonien" zu gründen

todavía sueñan con fundar "falansterios" aislados y establecer "colonias domésticas"

sie träumen davon, eine "Kleine Ikaria" zu errichten – Duodecimo-Ausgaben des Neuen Jerusalem

sueñan con establecer una "Pequeña Icaria": ediciones duodécimas de la Nueva Jerusalén

Und sie träumen davon, all diese Luftschlösser zu verwirklichen

y sueñan con realizar todos estos castillos en el aire

Sie sind gezwungen, an die Gefühle und den Geldbeutel der Bourgeoisie zu appellieren

se ven obligados a apelar a los sentimientos y a las carteras de los burgueses

Nach und nach sinken sie in die Kategorie der oben dargestellten reaktionären konservativen Sozialisten

Poco a poco se hunden en la categoría de los socialistas conservadores reaccionarios descritos anteriormente

sie unterscheiden sich von diesen nur durch systematischere Pedanterie

sólo se diferencian de ellos por una pedantería más sistemática

und sie unterscheiden sich durch ihren fanatischen und abergläubischen Glauben an die Wunderwirkungen ihrer Sozialwissenschaft

y se diferencian por su creencia fanática y supersticiosa en los efectos milagrosos de su ciencia social

Sie widersetzen sich daher gewaltsam jeder politischen Aktion der Arbeiterklasse

Por lo tanto, se oponen violentamente a toda acción política por parte de la clase obrera

ein solches Handeln kann ihrer Meinung nach nur aus blindem Unglauben an das neue Evangelium resultieren

tal acción, según ellos, sólo puede ser el resultado de una ciega incredulidad en el nuevo Evangelio

Die Owenisten in England und die Fourieristen in Frankreich stehen den Chartisten und den "Réformisten" entgegen

Los owenistas en Inglaterra y los fourieristas en Francia, respectivamente, se oponen a los cartistas y a los reformistas

Stellung der Kommunisten zu den verschiedenen bestehenden Oppositionsparteien
Posición de los comunistas en relación con los diversos partidos de oposición existentes

Abschnitt II hat die Beziehungen der Kommunisten zu den bestehenden Arbeiterparteien deutlich gemacht
La sección II ha dejado claras las relaciones de los comunistas con los partidos obreros existentes

wie die Chartisten in England und die Agrarreformer in Amerika
como los cartistas en Inglaterra y los reformadores agrarios en América

Die Kommunisten kämpfen für die Erreichung der unmittelbaren Ziele
Los comunistas luchan por el logro de los objetivos inmediatos

Sie kämpfen für die Durchsetzung der momentanen Interessen der Arbeiterklasse
Luchan por la imposición de los intereses momentáneos de la clase obrera

Aber in der politischen Bewegung der Gegenwart repräsentieren und kümmern sie sich auch um die Zukunft dieser Bewegung
Pero en el movimiento político del presente, también representan y cuidan el futuro de ese movimiento

In Frankreich verbünden sich die Kommunisten mit den Sozialdemokraten
En Francia, los comunistas se alían con los socialdemócratas

und sie positionieren sich gegen die konservative und radikale Bourgeoisie
y se posicionan contra la burguesía conservadora y radical

sie behalten sich jedoch das Recht vor, eine kritische Position gegenüber Phrasen und Illusionen einzunehmen, die traditionell aus der großen Revolution überliefert sind

sin embargo, se reservan el derecho de tomar una posición crítica respecto de las frases e ilusiones tradicionalmente transmitidas desde la gran Revolución

In der Schweiz unterstützt man die Radikalen, ohne dabei aus den Augen zu verlieren, dass diese Partei aus antagonistischen Elementen besteht

En Suiza apoyan a los radicales, sin perder de vista que este partido está formado por elementos antagónicos

teils von demokratischen Sozialisten im französischen Sinne, teils von radikaler Bourgeoisie

en parte de los socialistas democráticos, en el sentido francés, en parte de la burguesía radical

In Polen unterstützen sie die Partei, die auf einer Agrarrevolution als Hauptbedingung für die nationale Emanzipation beharrt

En Polonia apoyan al partido que insiste en la revolución agraria como condición primordial para la emancipación nacional

jene Partei, die 1846 den Krakauer Aufstand angezettelt hatte

el partido que fomentó la insurrección de Cracovia en 1846

In Deutschland kämpft man mit der Bourgeoisie, wenn sie revolutionär handelt

En Alemania luchan con la burguesía cada vez que ésta actúa de manera revolucionaria

gegen die absolute Monarchie, das feudale Eichhörnchen und das Kleinbourgeoisie

contra la monarquía absoluta, la nobleza feudal y la pequeña burguesía

Aber sie hören nicht auf, der Arbeiterklasse auch nur einen Augenblick lang eine bestimmte Idee einzuflößen

Pero no cesan, ni por un solo instante, de inculcar en la clase obrera una idea particular

die klarste Erkenntnis des feindlichen Antagonismus zwischen Bourgeoisie und Proletariat

el reconocimiento más claro posible del antagonismo hostil
entre la burguesía y el proletariado
**damit die deutschen Arbeiter sofort von den ihnen zur
Verfügung stehenden Waffen Gebrauch machen können**
para que los obreros alemanes puedan utilizar
inmediatamente las armas de que disponen
**die sozialen und politischen Bedingungen, die die
Bourgeoisie mit ihrer Herrschaft notwendigerweise
einführen muss**
las condiciones sociales y políticas que la burguesía debe
introducir necesariamente junto con su supremacía
**der Sturz der reaktionären Klassen in Deutschland ist
unvermeidlich**
la caída de las clases reaccionarias en Alemania es inevitable
**und dann kann der Kampf gegen die Bourgeoisie selbst
sofort beginnen**
y entonces la lucha contra la burguesía misma puede
comenzar inmediatamente
**Die Kommunisten richten ihre Aufmerksamkeit
hauptsächlich auf Deutschland, weil dieses Land am
Vorabend einer Bourgeoisie Revolution steht**
Los comunistas dirigen su atención principalmente a
Alemania, porque este país está en vísperas de una revolución
burguesa
**eine Revolution, die unter den fortgeschritteneren
Bedingungen der europäischen Zivilisation durchgeführt
werden muss**
una revolución que está destinada a llevarse a cabo en las
condiciones más avanzadas de la civilización europea
**Und sie wird mit einem viel weiter entwickelten Proletariat
durchgeführt werden**
y está destinado a llevarse a cabo con un proletariado mucho
más desarrollado
**ein Proletariat, das weiter fortgeschritten war als das
Englands im 17. und Frankreichs im 18. Jahrhundert**

un proletariado más avanzado que el de Inglaterra en el XVII
y el de Francia en el siglo XVIII

**und weil die Bourgeoisie Revolution in Deutschland nur das
Vorspiel zu einer unmittelbar folgenden proletarischen
Revolution sein wird**

y porque la revolución burguesa en Alemania no será más que
el preludio de una revolución proletaria inmediatamente
posterior

**Kurz gesagt, die Kommunisten unterstützen überall jede
revolutionäre Bewegung gegen die bestehende soziale und
politische Ordnung der Dinge**

En resumen, los comunistas apoyan en todas partes todo
movimiento revolucionario contra el orden social y político
existente

**In all diesen Bewegungen rücken sie als Leitfrage die
Eigentumsfrage in den Vordergrund**

En todos estos movimientos ponen en primer plano, como
cuestión principal en cada uno de ellos, la cuestión de la
propiedad

**unabhängig davon, wie hoch der Entwicklungsstand in
diesem Land zu diesem Zeitpunkt ist**

no importa cuál sea su grado de desarrollo en ese país en ese
momento

**Schließlich setzen sie sich überall für die Vereinigung und
Zustimmung der demokratischen Parteien aller Länder ein**

Finalmente, trabajan en todas partes por la unión y el acuerdo
de los partidos democráticos de todos los países

**Die Kommunisten verschmähen es, ihre Ansichten und
Ziele zu verheimlichen**

Los comunistas desdeñan ocultar sus puntos de vista y sus
objetivos

**Sie erklären offen, dass ihre Ziele nur durch den
gewaltsamen Umsturz aller bestehenden gesellschaftlichen
Verhältnisse erreicht werden können**

Declaran abiertamente que sus fines sólo pueden alcanzarse mediante el derrocamiento por la fuerza de todas las condiciones sociales existentes

Mögen die herrschenden Klassen vor einer kommunistischen Revolution zittern

Que las clases dominantes tiemblen ante una revolución comunista

Die Proletarier haben nichts zu verlieren als ihre Ketten

Los proletarios no tienen nada que perder más que sus cadenas

Sie haben eine Welt zu gewinnen

Tienen un mundo que ganar

ARBEITER ALLER LÄNDER, VEREINIGT EUCH!

¡TRABAJADORES DE TODOS LOS PAÍSES, UNÍOS!